我們誤解了這個世界

高僧與哲人的對話

濟群法師、周國平——著

目錄

6 生死與輪迴 205

無上清涼

攝影／畏冰

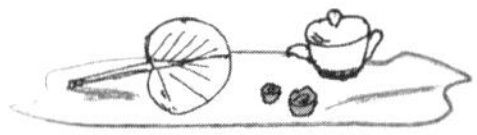

【序】本來空，本來滿

周國平

濟群法師是我特別敬重和欣賞的當代僧人，他於我眞正是亦師亦友，我受教良多，默契也良多。他人品正，悟性高，所以心態好。在佛門中，他是——用他自己的話說——一個自由主義者，超脫具體佛事，過著閒雲野鶴的生活。在人世間，他卻又是——用我的話說——一個理想主義者，然而是關注現實、惦念眾生的理想主義者，孜孜不倦地傳播人生的眞理。他善於用日常的話語說透精妙的佛理，有撥雲見日之效。我本人認爲，在今天的時代，他的聲音值得每一個被欲念和煩惱所困的人傾聽。

我和法師神交已久。最早是在二〇〇二年六月，他給我發電子郵件，爲他主編的雜誌《人世間》約稿，從此建立了聯繫。我們之間時有書信往來，但未嘗謀面，直至十年後的二〇一二年六月，才在北京第一次見面。隨著交往變得具體，彼此更加瞭解，我們產生了一個共同的想法，就是做一個比較系統的對話。

佛教講因緣，一個僧人和一個哲學工作者相遇在這個時代，想必也隱含著某種因緣吧。中國社會正處在轉型時期，新舊交替，萬象並呈，有一個現象值得注意。在激烈的競爭中，人們急切地向外尋求成功，但不論成功與否，卻普遍地不感到幸福，因此迷茫。其中相當一些人，已發覺問題出在心靈層面的缺失，對宗教和哲學產生了興趣，又苦於不能深入。這使得我相信，做爲「專業的」僧人和哲學工作者，我們的合作對人們或許會有所助益。

人生在世，向外尋求成功無可非議，但倘若只有這一個目標，未免格局太小，境界太低。目標小而低，其結果必定是達到了沒有大歡喜，達不到則有無窮的低級煩惱。人生不可缺少大而高的目標，最大最高的目標就是向內尋求覺醒。關於這一點，哲學和宗教早有共識。中國哲學的始祖孔子說：「朝聞道，夕死可矣。」西方哲學的始祖蘇格拉底說：「未經思考的人生不值得一過。」佛教的始祖釋迦牟尼說：「不知正確的教法而活百年，不如聽聞正確的教法而活一日。」這些教導都把覺醒視爲人生的主要目標，而且在語言表述上竟也高度相似，絕不是偶然的。如果要給古今中外的哲學和宗教確定一個共同主題，便是覺醒。如果要給本書確定一個主題，也便是覺醒。讀者還會看到，以覺醒爲人生的主題，這一點在佛教中體現得比其他一切宗教和哲學更爲鮮明。

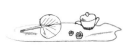

我和法師共進行了六次對話，時間和地點先後爲：二〇一二年六月十八日我的家裡；二〇一二年十月十七日北京法源寺；二〇一三年一月二十二日我的工作室；二〇一三年十二月十六日北京國賓賓館；二〇一四年七月二十日北京華貿中心字裡行間書店；二〇一五年四月二十一日我的工作室。近三年裡，我

一直在爲我們的系統對話做準備，而把這些對話視爲一種預熱，不曾想到，六次對話下來，發現提綱所列的問題已談得相當充分。那麼，既然柳已成行，就不必在乎插柳是有心還是無心的了。於是，以六次對話的錄音紀錄爲基礎，我按照話題做了梳理，整理出初稿，法師再對初稿做認眞的修改和補充，遂成本書。

和法師談話是極愉快之事。我對佛法素有興趣，但所知甚少，疑惑頗多。

攝影／陳建奇

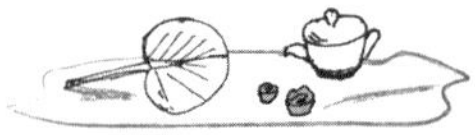

一半憑著無知者無畏的膽量，一半憑著追根究柢的認眞，我常常幾乎放肆地向法師發起「挑戰」。偏偏法師乃眞性情人，喜歡有人向他「挑戰」，在傳播佛法智慧的同時，也很享受哲學愛智的樂趣。在很大程度上，我是有意立足於西方哲學的立場，像辯論賽中的乙方那樣，向甲方拋出難題。我相信，這是比一味順從更好的方式，有助於法師更活潑地啓動智慧，闡明佛理。不用說，在這種方式背後，動機仍是虛心求教，而事實上我亦大有收穫。

本書的主角是法師，我只是一個配角，全部對話是圍繞佛法這個中心進行的。我還樂於承認，即使擴大來看，在生命覺悟的領域裡，哲學給佛學當配角是一點兒也不冤枉的。和法師對話堅定了我的一個信念，即人生問題的究竟解決是在佛法之中。

二〇一五年八月二十二日　北京

（編按：序言題目「本來空，本來滿」由本書互聯網徵名活動的參與者周捷提供）

【序】問心尋路

濟群法師

在多數人的印象中，似乎覺得佛法離生活很遙遠。其實，佛法是人生的大智慧。人生存在的各種問題，佛法都可以說明爲我們建立正確認識，並提供究竟的解決途徑。因爲世界的所有問題，無非是人的問題。很多時候，事情對我們產生多大影響，並不在於事情本身，而在於我們具備什麼認識，以什麼心態來處理。

佛法自古被稱爲心學，是引導我們認識並改善心性的一種智慧。過去的許多文人士大夫，往往既是儒者，也是虔誠的佛教徒，依此安身立命，修心養性。而對普通百姓來說，佛教則承擔著心理撫慰和指點迷津的作用。當他們不知何去何從，就會到寺院燒香禮佛，祈求佛菩薩加持，或直接請求法師開示。所以，出家眾的職責就是內修外弘，一方面精進修行，令自己明心見性；另一方面要傳播佛法，爲信眾排憂解難。相比只有兩百多年歷史的西方心理學，佛教對心性的認識更爲透徹。所以近幾十年來，西方心理學界也在不斷吸收佛法的理論和禪修方法，用於心理學的學科建設及臨床治療。相關書籍正陸續介紹到國內。

從文化傳統來說，西方哲學早期關注對世界本體的認識，其後才重視認識論及人的問題。因爲我們能認識什麼樣的世界，是取決於我們的認識能力。就像一面鏡子，如果它是哈哈鏡，或破碎而佈滿汙垢的，就不可能反映事物的本來面目。隨著科技的發展，人類的認識能力極大提高，對浩瀚太空有了越來越多的發現，對微觀世界也有了越來越深的瞭解。這就說明，你的認識達到什麼程度，世界就在你面前展現相應的廣度和深度。

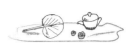

那麼，人有沒有能力認識無限的宇宙？佛法認爲，人的認識有兩個層面。一是來自經驗積累，即透過教育和生活學到的。在這個層面，再多的有限還是有限，不可能認識無限。但佛法也告訴我們，我們的心和宇宙是相通的，所以生命內在還蘊含無限的智慧。在沒有開發無限性之前，生命是渺小而短暫的。不必說人生短短幾十年，即使我們生存的地球，在宇宙中也是微不足道的。唯有開發無限的智慧，我們才有能力認識無限的世界。這種對無限性的認識，需要透過禪修向內開發，而不是向外尋求。

此外，佛教關於輪迴和心性的思想，在很大程度上彌補了中國文化的不足。儒家關注的重點在於現世，不太關心死後的問題。但不關心，是不是死後就沒問題？很多人一輩子都在迴避「死」，從來不願正視它，一旦死到臨頭，就被巨大的恐懼所淹沒，死得痛苦、掙扎、毫無尊嚴。生從何來，死往何去？始終是人類永恆的困惑。只有解決這個問題，才能找到生命的眞正價值所在。

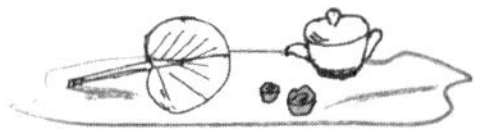

千百年來，中國社會嚮往的成功，是經由寒窗苦讀，求取功名，由此光宗耀祖，揚名後世，都是在現實層面的。而印度文明關注的核心，是輪迴與解脫。當我們立足於現實，所見永遠是局部的，是沒有來龍去脈的片段。就像人生，哪怕蓋棺定論時，也只能看到今生的起點和終點。而在無盡的生命長河中，這個起點和終點不過是一片浪花的生滅。只有成就無限的智慧，才能眞正看清，我們從哪裡來，到哪裡去。

輪迴的思想，重點是幫助我們瞭解生命的長度。如果不認識輪迴，生命只是一個短暫的片段，是沒有長度的，對生命的認識也是不完整的。除了輪迴，佛教也很關注心性，這是幫助我們瞭解生命的深度。生命的存在到底是怎麼回事？古希臘哲人在三千多年前就警醒世人：「認識你自己！」那麼，什麼代表你自己？如果不瞭解心性，我們又何以認識自己？而認識世界眞相乃至成賢成聖，同樣離不開對心性的了悟。

我曾在北大參加「佛學與心理學」的對話，也涉及到這個話題。爲什麼佛教如此關注心性，而西方宗教卻不太關注這一點？因爲西方宗教屬於他力信仰，不需要對生命有太多瞭解，只要信仰、聽話、多做善事就行了。至於能不能升到天堂，那是上帝的事，不需要你關注。而佛教偏重自力，要靠自我拯救。這就必須向內探究，瞭解心性的眞相和運作規律，才能知道我們到底有沒有自我拯救的能力，以及如何開發這種能力。

此外還有價值觀的問題。人生究竟蘊含多少價值？如果不瞭解心性，所謂的價值觀，必然局限於現實生活，以現前的利益和感受爲導向，註定是膚淺而渺小的。就像在孩子眼中，最有價值的往往是一顆糖或一個玩具，爲此，他願意拿自己的全部去交換。如果不能找到人生的最大價值，我們未必比一個孩子看得更遠，也難免做出荒唐的選擇。所以說，價值觀絕不是形而上的抽象問題，而是直接關係到我們的人生選擇，關係到今生的幸福與否。

攝影 / 道一

我們能認識什麼樣的世界，是取決於自身的認識能力。就像望遠鏡，每一次改進，都使人類的觀察範圍擴大一步。但不論怎麼發現，相對無限的宇宙，仍是滄海一粟。而佛法對心性的認識是向內開發，一旦打開我們本來具足的無限智慧，就天上天下，無所不知了。因為心的本質就是宇宙的本質，兩者是一體的，沒有能知和所知的分別，也沒有已知和未知的界限。正如《大般若經》所說：「一切世界一切有情色相差別，及餘物類種種不同，如來皆見，如觀掌中阿摩洛果。」

佛法講緣起性空，講諸法唯識，既說明事物本質是空，沒有固定不變的特質；也說明在認識世界時，心並不是單純的觀察者，同時也在影響物質世界，決定它以什麼方式存在。所以說，不論對自然還是人類社會的認識，關鍵在於我們具備什麼樣的心性，這是開發認識能力的根本所在。儒家文化立足社會現實，西方哲學重視探究世界真相，而佛教心性論和輪迴說恰恰可以彌補兩者的

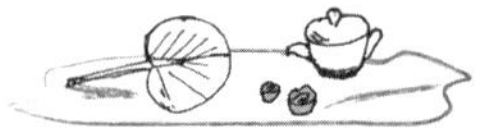

不足。

《我們誤解了這個世界》根據我和周國平老師的多次對話整理而成。周老師富有求眞精神，對哲學、社會都有深入的思考。我自己在修學過程中，也致力於探究生命眞相、解決人生問題。我們研究的領域雖然不同，關注的問題卻極其相似，有談不完的話題。自二〇一二年第一次見面以來，我多次在北京和周老師相約見面，或在法源寺的走廊下，或在周老師的茶室中。我們在放鬆的狀態下，隨著思維的自由流淌，交流了一個又一個問題。和周老師對話，讓我開闊視野，激發靈感，增長見識，可謂暢快！

這本書，可以說是西方哲學與東方佛學的一次碰撞。我們談話的內容，既是哲學關注的，也是佛法要解決的，更是現實人生迴避不了的問題，如信仰、本體、自我、命運、生死、苦樂、道德等。周老師闡發西方哲學對這些問題的看法，我則從佛法角度分享我的認識。每一次，我們都在意猶未盡的享受中結東交流。

人類創造了文明，文明也改變著人類命運。今天，人們有了夢寐以求的舒適生活，可是很多人過得並不幸福，社會、生態等問題日益尖銳。問題到底在哪裡？我想，還是要回歸到人類自身來思考。佛法提供的角度，是充分認識心性，造就健康的心態、人格及生命品質，從根本上解決問題。相信這樣的對話，既能增進東西方文化的相互瞭解，也能爲解決社會人生的問題提供思路。

二〇一五年九月十八日於五老峰阿蘭若處

（編按：序言題目「問心尋路」由本書互聯網徵名活動的參與者穆如清風提供）

1

時代與責任

眞理屬於人類，謬誤屬於時代。

——歌德

今諸世間，皆悉空曠。

常處黑暗，怖畏中行。邪見熾盛，不善增長。

——《善見論》

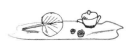

兩個「自由主義者」

周國平（以下簡稱周）：我和法師神交已久，今天終於見面。最早應該是在二○○二年六月，你給我發電子郵件，爲你主編的《人世間》向我約稿，從此建立了聯繫，至今已經十多年。當時我略感驚訝，一個僧人發電子郵件，很與時俱進啊。我知道你現在還開部落格和微博，有幾十萬粉絲，是你自己打理的？

濟群法師（以下簡稱濟）：部落格是一位居士在幫忙打理，主要從我以往的文章裡摘錄編輯，包括我的各種演講和上課內容。微博是我自己每天寫的。

周：那也是貼舊的段落吧？

濟：沒有，微博是隨時想到隨時寫的。

周：天天都寫嗎？

濟：通常一天會寫一條，多一點就兩條，也有時候不寫。

周：比我強多了。我是一個星期更新一次，多半是從舊文裡摘取。看你的簡歷，你是中國佛學院的第一批學生，是上佛學院後出家嗎？

濟：在上學之前，我已經出家了。我的父母都是虔誠的佛教徒，在他們的影響下，全家都信佛。我十四歲就以行者身份住過寺院，十七歲正式剃度，在佛教界算是童貞入道。

周：這麼早就出家，人生的許多滋味還沒有嘗試過，不覺得遺憾嗎？

濟：我覺得，我似乎生來就是爲了出家的。現在回頭再看，在沒有進入世俗生活之前就能出家，也算是很好的開端吧！隨著佛法修學的深入，我越來越覺得，對我來說，沒有比追求眞理、弘揚佛法更有意義的人生了。

周：從中國佛學院畢業之後，你到過不同的寺院？

濟：一九八四年畢業後，我在福建廣化寺比較安靜地住了幾年。每天主要是自學，以戒律爲主，兼看俱舍、唯識，隨後在福建佛學院開始擔任一些課程。八〇年代末，我到了南普陀，就是我現在常住的地方。此後，一直在

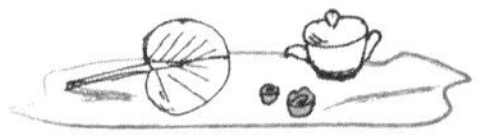

佛學院從事教學，指導研究生修學。同時也在蘇州主持戒幢佛學研究所的工作，定期去講課。總之，幾十年都在修學和教學，一以貫之。

周：我看到你的訪談說，你是個自由主義者，是個山野之人，在教學之外，謝絕一切社會頭銜和行政職務。我很欣賞。我也是個自由主義者，受不了雜務的束縛。

濟：我覺得人只有在自由開放的狀態下，才會有智慧的火花。每天都在機械、忙碌的生活常態中，會扼殺靈性的東西。我不喜歡管人管事，也不願意被別人管，害怕介入複雜的行政事務中，更討厭無謂的應酬。

周：對，人就應該順應自己的性情，做自己喜歡做的事。這不意味著對社會不負責任，事實上，用適合於自己性情的方式來做事情，不但自己舒服，而且所產生的社會效果也是最好的。如果你當住持，爲行政事務操勞，就會浪費了你的長處。我也一樣，此生無官運也不想有，像現在這樣是最好的。我們在這一點上是相似的，一方面獨立地從事佛學或哲學的研究，另一方面關注社會精神層面的問題，把二者結合起來，爲改善時代的精神狀況盡一點力。

什麼卡住了你？

周：你覺得現在中國的佛教界怎麼樣，有什麼問題？

濟：說到這個問題，我們先要把佛法和佛教分開。我們要學的是佛法，法是「法爾如是」，不會因爲時代或地域出現什麼問題。但佛教是一個緣起的現象，是社會的一部分。也因此，社會存在的各種問題，同樣會在佛教界有不同程度的折射。在古代，一道黃牆就能圍出紅塵不到的方外之地，但現在，各種媒介早已突破圍牆的屏障，這就使得今天的修行變得格外困難。修行上不去，問題自然接踵而至。尤其是佛教經歷了「文革」的摧

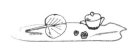

殘，又在百廢待興的環境中恢復起來，說起來比較複雜。

周：沒關係，你是自由主義者，可以說一說。

濟：近二十年來，我一直在思考當今教界存在的問題，希望提出解決之道。我覺得，根本問題就在於修學。出家人修學得力了，都能如法如律，具足僧格，教界即使有什麼問題，也是微不足道的。但如果出家人的修學上不去，結果無非是兩種，或者要名利，或者混日子，和社會上的人不會有本質區別。在加強僧教育的同時，還要讓大眾瞭解佛教對當代社會的價值，對個體生命的意義。如果能出現一批高素質的正信佛子，既可以爲教界提供優秀僧才，又可以透過他們的身體力行，消除民眾對佛教的誤解。佛法爲我們提供的，是一種普世性的智慧。這種智慧蘊藏在深奧的佛典中，很少有人能夠瞭解，也沒有適當的管道去瞭解。之所以說它是普世性的，是因爲每個生命都有迷惑和煩惱。佛法就是幫助我們看清生命中存在的問題，並提供究竟的解決之道。當然，也有些人活得懵懵懂懂，吃飽睡足就萬事大吉，可能不覺得人生有什麼問題。

周：這樣的人好像挺幸福啊。

濟：這種幸福只是需求和所得暫時達到平衡時的一種假象，但很不穩定。一旦條件發生改變，所謂的幸福隨時可能破滅。更何況，人還有更深層次的精神需求，他現在意識不到，不等於始終意識不到。當這種需求出現在他生命中，他又如何面對，如何安頓身心？多數人的生命現狀，無非是一大堆錯誤想法再加上一大堆混亂情緒。而物質的過度和資訊的氾濫，又加劇了這種混亂。所以現代人普遍心態不好，焦慮、躁動、茫然，連吃飯睡覺都要不停地滑著手機，眞可謂寢食難安。因爲心態不好，就使得生命品質趨向墮落。在今天，雖然我們的物質生活有了大幅度提升，但生命品質不升反降。古人崇尚的是道德，是聖賢；而今人崇尚的是聲色，是明星。從這

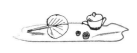

種選擇的變化中，就可以看到這個社會的價值取向。

周：總結得好，一大堆錯誤想法加上一大堆混亂情緒，眞的是這樣。

濟：更嚴重的是，人在這一大堆錯誤想法和混亂情緒中，根本就是不知不覺，身不由己。

周：觀念和情緒具有巨大的力量，人們往往被這兩樣東西支配著，很少去想一想自己所接受的那些觀念到底有沒有道理，讓自己陷入強烈情緒的那些事情是否眞的重要。

濟：所以這個時代需要啓蒙，啓發大家對人生的思考。每個人終究要面對那些終極困惑，包括「我是誰」、「生從何來，死往何去」、「人爲什麼活著」等等。對於這些問題，佛法給了我們究竟的答案。但做爲一個出家人，光自己理解還不行，還需要把它說得大家都能聽懂。只有把個中原理理解透徹之後，才能自由表達，一切才能變得簡單。你對哲學也做了很多普及工作。

周：其實我更多地是在解決自己的問題。後來我發現，這些問題是很多人都面臨的，所以會有比較大的回響。

濟：佛法本身就有哲學的層面。哲學關注的問題，佛法也在關注，不同只是在於，兩者有各自的認識和解決方式。佛法非常重視正見，將之做爲「八正道」之首。換言之，首先是對每個問題建立正確認識，這是走向覺醒、解脫的前提。反之，當你產生錯誤認識並執著於自己的想法時，就會被卡在其中，不得解脫。

周：「卡」這個詞用得好，很通俗，但生動而準確，和解脫還是對應的。

濟：佛教中，和解脫相對的是一種束縛，一種捆綁，也就是被「卡」住了。

周：對，還是「卡」更形象，好像能看到一樣，而且狀態更悲慘一點，還有點卡通，能夠聯想到漫畫的形象。

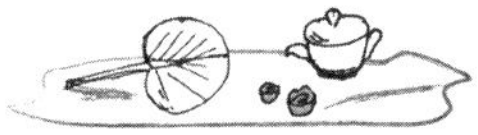

嚴重的問題是教育

濟：在你看來，中國人是不是天生缺少哲學潛質？或者說，它的整個文化環境比較重視實用，這就影響到很多人的觀念，天生不喜歡去想那些形而上的東西。

周：從本性來說，一個稍微有點慧根的人，就不會甘心像動物一樣生活，一定會有追求，我稱之爲精神本能。人都有這種精神本能，中國人也不例外，但我們的文化是不鼓勵的。

濟：這種文化的鼓勵很重要。每個孩子都有思考人生問題的潛質，很多人小時候會好奇：人爲什麼會死啊？死了到哪裡啊？我是怎麼來到這個世界的？但在接受教育的過程中，老師和父母會不斷告訴你，不需要去關心這些，只應該關心考試和升學。他的這些思考非但得不到支持，還會被直接扼殺。所以在長大後，關心的只是眼前的柴米油鹽，升官發財。

周：很小就被扼殺了，這是當代中國很嚴重的一個情況，現在比以前更嚴重。

濟：因爲社會更功利了，做什麼都要馬上看到回報，要有現前的結果和利益。

周：實際上把幸福的源頭給掐死了。幸福的源頭是精神的健康，從小就被掐死了，只好向外界乞求，一輩子受苦受難，還以爲是在追求幸福，太可憐了。教育的問題特別大，信仰的缺失也是特別大的問題。對於有信仰傳統的民族來說，沒有信仰會心慌的，但我們這裡沒有信仰才是正常的，大家都無所謂，不認爲信仰是生活的必需品。

濟：還是教育的問題。整個教育讓人們形成了這樣一種觀念，或者說，一種按部就班的慣性。一旦進入這個軌道，雖然生活內容有所不同，但生命品質就幾乎沒有提升的可能了，接下來往往是被社會磨礪得更世俗，更勢利，更斤斤計較。

周：文化傳統也是一個原因。

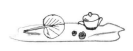

濟：如何才能啓發更多的人去關注這些問題？

周：所以需要弘法。弘法的實質就是教育，不一定是要讓你成爲佛教徒，是要讓你活得明白一點，要有人生的覺悟。

濟：現代教育偏向於生存技能和知識的傳授，其實這只是文化的一部分，甚至不是主要部分。教育應該是全方位的，包括如何做事，做學問，更包括如何做人。每個人需要健康地活著，就得處理好與自己、與他人乃至與世界的關係，這就離不開哲學和宗教。目前，整個社會特別缺乏關於心性和生命的教育。

周：不光是缺乏，我覺得基本上是背道而馳。

濟：這樣一種教育也是任重道遠，需要整個社會的重視和參與。希望政府能把這樣的教育落實到民眾教育中去。

周：政府能做的是提供一個自由的空間，讓民間來做這些教育就行了。

濟：從社會發展來說，物質基礎形成之後，精神問題就會顯現。在今天，人們已經眞切感受到，物質無法解決一切問題，也未必能帶來幸福。所以，一部分人開始關注心靈問題。在這樣的背景下，缺乏健康的文化和信仰做爲心靈引導，是非常可怕的。當人有了精神或信仰的需求，卻不能透過正當途徑得到滿足時，邪教就可能乘虛而入。因爲人們從來沒接受過相關教育，沒有標準，缺乏比較，但內心又有需求亟待滿足，在這種供需不均衡的情況下，就很容易被似是而非的東西迷惑。

周：現在這種東西很有市場。有些人就是騙子，打出某種信仰的旗號，宣稱能在根本上改變你的人生，很多富裕人士反而容易信仰這些。

濟：這確實是一項巨大的工程。總體上，整個社會教育是個大問題。對一個國家來說，體制和教育方式是關係到國民素質的重要因素，也在很大程度上影響了國人的人格和心態。

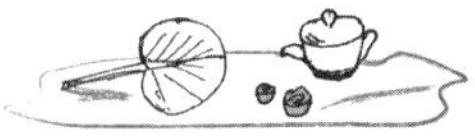

周：不管狹義還是廣義的教育都很成問題。核心是價値觀的問題，到底追求什麼，要有什麼樣的價値觀？這是現代中國最大的問題。

濟：沒有核心價値觀，大家都活在自我的欲望中，跟著感覺走，是很可怕的。因爲這種感覺是混亂的，如果再缺乏道德或信仰的約束，失控是必然的。現在整個社會充滿戾氣，連師生和醫患的關係都變得劍拔弩張。要知道，老師是「靈魂工程師」，而醫生是「白衣天使」，當這樣的職業都讓人失去信任，甚至產生對立時，這個社會還能相信什麼？

周：教育培育心靈，醫學救治生命，本來應該是兩個最乾淨的領域，現在卻成了民怨最沸騰的領域，突出反映了這個時代的問題。在匡正世風人心的事業上，佛教可以發揮很大的作用。從各種宗教比較來說，佛教在中國還是有基礎的。

學佛要有次第和方法

濟：佛法博大精深，經典浩瀚，今天的人學起來確實有一定難度。這個難度不在於我們接觸佛法的機會太少，相反的，是在於資訊過於發達，以致讓人無所適從。很多人雖然對佛教有興趣，但並不清楚應該透過學佛來解決什麼問題。有病急亂投醫的，也有附庸風雅、當作文化修養的，不一而足。而那些有心學佛者，因為對佛教缺乏基本正見，所以在面對各個宗派的各種說法時，不知道這個經典和那個經典是什麼關係，也不知道先學什麼後學什麼。因為不同經典代表不同的修學體系，如果沒有次第，缺乏對佛法的宏觀認識，在學習過程中，往往會陷入選擇上的困難。

周：是的，面對佛學的浩瀚典籍，我也是望而生畏，不知從何入手。

濟：佛法太博大了，每一部經論，每一個宗派，都包括從教理到修證的完整體系。雖然條條大道通羅馬，指向的終點是一樣的，但起點不同，路徑

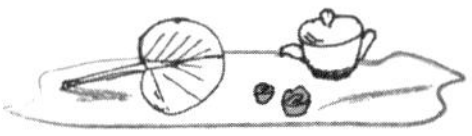

不同，有的看起來完全是兩碼事，甚至彼此矛盾。如果沒有一個清晰的次第，往往學了幾十年還是不得要領。

周：這不光是方法問題，還有慧根的問題。

濟：學佛需要有良好的氛圍和有效的引導。這種引導，主要是明確先後次第，掌握方式方法。學佛不能單純做爲理論去學，那就和做學術沒什麼區別了；但也不能什麼理論都不學就盲修瞎煉，那只會在自己的感覺中閉門造車。不少人看起來很精進，但見地跟不上，修來修去都不得力。如果觀念有問題，就意味著他還會不斷製造煩惱。他修的那點法往往還擋不住製造的煩惱，就會修得很痛苦，很怪異，所以見地很重要。

周：其實，學哲學也是這樣，首先必須知道自己要解決的問題是什麼，然後對哲學經典的脈絡要有一個基本的瞭解，這樣才能找到二者的對接點。

濟：學佛是學習佛法的智慧。在修學過程中，需要把佛法見地轉化成自己的觀念。我們在沒有學佛前，也會有自己的世界觀和人生觀，學佛之後，就要發自內心地接受佛法，以此代替原有觀念。當然，這種接受不是盲目的，而是在聞法、思惟、理解基礎上的接受，並且經過現實人生的檢驗，確認佛法所言不虛，只有這樣，學佛才能落到實處。特別要注意的是，「替換觀念」不是「知道概念」，僅僅知道概念，就像得到一張藥方但不去服藥，或是得到產品說明書而不去使用產品，是沒有眞實力用的。唯有將佛法落實到心行，以佛法智慧看問題，才能消除錯誤觀念，進而消除由此產生的痛苦煩惱。

周：按照我的理解，接受佛法，代替自己原有的觀念，不是一個單純代替的過程。任何一種接受，都是在自己已有積累的基礎上進行的。因此，實際發生的是對已有積累的一種清理，去除謬見，而讓優良的種子發芽生長。用宋明新儒家的話說，這叫明心見性。

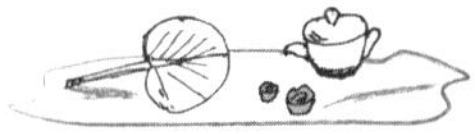

濟：明心見性也是佛法修行的重點，禪宗尤其重視，所謂「直指人心，見性成佛」。當然，這是對上根利智設定的捷徑。對一般人來說，還是要經歷戒定慧、聞思修的常道，需要從樹立正見、改變觀念入手。所以，我提倡的學習方法是「理解、接受、應用」。首先是從法義上理解，比如佛教說「諸行無常」，告訴我們，世間一切都是無常變化的。我們不僅要「理解」無常的道理，還要把這個道理拿到現實中去檢驗，看看哪樣東西不是無常的。當你通過自己的觀察，發現事物的確是無常的，就能發自內心地「接受」這個觀念。具備這一認識，就要用來替換過去對「永恆」的幻想，學會用無常的眼光看待一切，這就是「運用」。當你對佛法眞正地理解、接受並應用後，自然會達到觀念、心態乃至生命品質的改變。因爲觀念會影響心態，心態會造就生命品質，這是由此及彼的。

周：佛教界本身是否也存在這個學習方法的問題？

濟：佛教有自身的修學傳統，但對多數人來說，還是存在文字、理解和選擇等方面的障礙。我們目前做的，是針對現代人對佛法存在的誤解和修學困惑提出解決之道，主要有三個方面。首先是建立正信：很多人對佛教有誤解，這就需要幫助他們一一掃除，認識到佛法對人生的重大意義，知道爲什麼需要學佛。其次是讓佛法和現實人生建立聯結：一般人會覺得，佛法離生活非常遙遠，這就需要讓佛法落實，讓大家瞭解，如何運用佛法來認識並解決人生存在的各種問題。第三是對修學的引導：學佛不僅是爲了解決現實問題，讓我們心態平和一點，快樂一點，而是要引導學人從迷惑走向覺醒，走上自覺覺他的菩提大道。

向古希臘學園看齊

濟：過去的哲學家創立學園，自己帶一班學生在那裡，修身養性，探討人生問

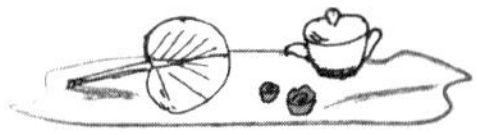

題，這種狀態很有意思。

周：對，柏拉圖的學園，延續了幾百年。亞里斯多德是廊下學派，古希臘的建築都是大殿和大走廊，哲學家就帶著學生一邊散步一邊聊天。

濟：不是一本正經地坐在教室裡。

周：推測那時候都沒有教室。

濟：我們現在也在廊下。（按：當天談話是在北京法源寺憫忠閣廊下進行的）

周：這是一種最自然的狀態。

濟：眞正的哲學思考，來自放鬆的狀態。只有在最放鬆的狀態下，才會出現靈感的火花。

周：尼采說過，哲學是不能在課堂上講的，因爲哲學需要一種思考狀態，你不能保證自己在課堂上出現這種思考狀態。

濟：佛教界的傳統教學，也是一個法師或禪師，帶領一幫弟子，在水邊林下，或研究經論，或參禪悟道。可惜，目前整個佛教教育都偏向學院式，已經偏離佛教自身的教育傳統。學院教育著重知識性和綜合性，一學期要學五、六部經論，如果文化基礎不是特別好，聽懂都不容易，更談不上深入理解和運用。而佛教教育有自身的目標導向和方式方法，是有次第地修學一部經論，專研一個宗派，不僅要深入理解，還要實修實證。這樣的學習比較扎實。

周：你自己採取什麼方式教學？

濟：我有幾種方式。一種是在研究所上大課，有六十多個學生，大家席地而坐，像古代的書院，我也盤腿坐在上面。我沒有投影片（PPT）和板書，從頭講到尾，還會留一定時間和大家交流。此外，研究所有四個方向的研究生，他們平時都有帶著學習的老師，我會不定期把他們找來，在庭院裡，讓他們每人談談近期的學習情況，彙報一下心得。我再根據每個人的

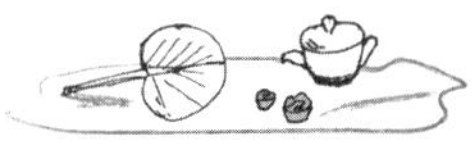

情況和他們講一講，比如認識有什麼問題，或方法上還要注意些什麼。我會根據研究生的不同專業做些指導，平時主要靠他們自己學習。

周：你講課有備課提綱嗎？

濟：我講課會有一本原著，做筆記，畫重點，就這一本。

周：每一課講哪一段，這有計畫嗎？

濟：我有大概的課時評估，但沒有很具體的計畫。講解經論主要是對研究所的學生，對社會大眾舉辦講座時，需要特別考慮聽眾的接受能力，如果他們聽不懂，或者覺得沒用，可能就坐不住了。研究所學生有一定的學習基礎和連貫性，講起來比較輕鬆。

周：研究所學生是一個區塊，社會大眾是一個區塊，還有沒有別的？

濟：還有就是菩提書院，這是特別爲在家居士學佛量身定制的，也是我最重要的弘法項目。這是一所沒有圍牆的心靈學院，修學內容包括初、中、高三級，修學方式分爲個人自修和班級共修。對於怎麼自修，怎麼討論，有一套詳細的操作流程。現在學校的學習往往是被動的、單向的，缺乏交流，而且偏向知識性，我們提倡的是一種主動的、交流互動式的學習。學員平時根據課程設置自學、看書或觀聽音像，然後每週聚在一起交流對法義的理解，以及佛法在生活中的運用和心得。我們還會把學得好的學員培訓成輔導員，帶領新加入的學員一起修學。學院式的佛教教學，一是內容龐雜，缺乏次第；二是面面俱到，不易深入；三是被動聽講，缺乏交流。菩提書院的修學設置恰好糾正了這幾個問題。首先是內容明確，次第清楚；其次是深入學習，反覆聽聞；第三是主動學習，坦誠交流。這樣的方式，效果比學院式的教育好得多。

周：現在大學教學基本上也是灌輸式的。

濟：書院的修學內容是我精心規劃的。如果把生命理解爲一個產品的話，它的

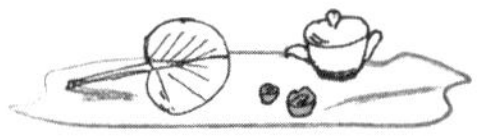

成長也需要經過設計——這個產品有哪些潛能？如何去開發它？此外還要評估，這個產品目前的狀態如何，離我們希望的品質差多遠？如果它已經形成不良品質，又該如何改造？對多數人來說，現在的觀念和狀態，往往是被動而非主動的選擇，是迷妄而非智慧的選擇。換言之，是在不知不覺中鑄造了這個生命產品。在這種情況下，要成就一個優秀的生命品質真的很難。

周：這就要看造化、看運氣了。你只能針對一般情況設計，很難個別化地設計吧。

濟：佛教強調應機設教，如果有條件做到，當然是最理想的。但在教界目前的狀況下，有能力進行引導的師長奇缺，這就需要建立一套大眾化且可複製的模式，才能滿足社會日益增長的需求。我們目前的重點，就是建立三級修學模式。這種模式不僅要讓有限的教育資源發揮更大作用，還要保障它的純度，不致因為大量複製而出現偏差。每個生命都有共同的核心，修學也不例外，掌握這個特質，就可以從共性入手。

周：這個共性應該是更本質的東西。

回歸佛陀的本懷

濟：從傳統佛教到面對社會的傳播，教界還需要做很多努力。首先要認識到，什麼才是佛教的優良傳統，而不是流傳過程中形成的陳規陋習。這就需要撥亂反正，回歸到佛陀出世的本懷，回歸到佛法應有的定位。

周：有哪些屬於陳規陋習？還有一些應該是現代商業社會產生的問題吧？

濟：有些是在經濟浪潮下出現的，比如寺院的商業化。寺院是一個道場，其作用是成就僧人用功辦道，同時做為民眾的精神家園，發揮化世導俗的作用。但在不少地區，寺院已經背離修道和弘法的功能，只能促進觀光成

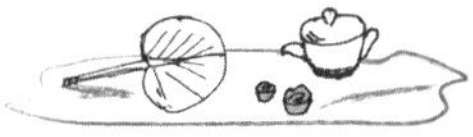

爲旅遊景點，甚至被某些地方做爲斂財機構。至於傳統的問題，比如來世化、鬼神化的傾向，使佛教脫離「此時、此地、此人」，失去在現實中的教化作用。還有明清以來的寺院建築，也和佛教本身的職能不相吻合。寺院應該是傳播佛法的教育機構，但現在的佛寺建築偏向崇拜，重點用於禮佛和參觀，教育和弘法的功能反而比較薄弱。不少寺院雖然殿堂巍峨，金碧輝煌，卻缺乏供人靜修和舉辦講座弘法的場所。關於出家人的修行，往往也只關注兩堂功課，雖然早晚都在念，但多半只是念念、拜拜而已，形式大於實質，修行效果不盡如人意。

周：歷史上漢傳佛教的建築都是這樣的嗎？

濟：不都是這樣。漢傳佛教現在的建築格局，主要是繼承明清以來的傳統，而隋唐時期就是以禪修和教育爲中心，所以禪宗叢林有「不立佛殿，唯立法堂」之說。

周：建築形式是很重要的。

濟：因爲建築本身就包含一種引導，也決定了寺院的功能，它有哪些用途，又能爲大眾提供什麼。現在各地建了很多寺院，似乎只是供人旅遊參觀用的。很多人外出旅遊，就是「上車睡覺，下車看廟」。他們到寺院轉了一圈，除了看到殿堂、佛像，能不能對佛教有一點正確認識？原因是什麼？此外，如何把高深的佛理轉化爲生活智慧，佛教界在這方面也做得遠遠不夠。社會大眾對佛教的各種誤解，比如消極、出世，及鬼神化、哲理化等，使佛教離生活非常遙遠，只是少部分菁英在研究，不切實際。

周：各種形式都應該有，有些人可以專門去研究比較高深的佛理。

濟：也需要有些人把這些研究轉化爲實際應用。佛法有哲學的層面，但目的是爲了指導修學，成就覺醒、解脫，而不僅僅是爲了從中獲得思辨之樂，更不是做爲談資賣弄。

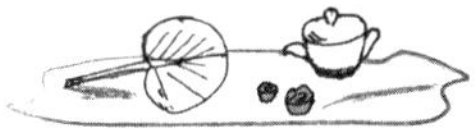

周：現在佛教似乎成了一種時髦，很多人熱衷於靈修一段時間，但進入佛教之根本的人太少了。

濟：這也反映人們有解決心靈問題的需要，但社會普遍缺乏這方面的教育和引導。

周：缺乏的原因何在？是缺乏優秀的老師？

濟：長期以來的教育環境，以及文革期間的破壞，使佛教界出現了斷層。宗教政策恢復後，教界的教育方式也不理想，雖然出現了一些優秀人才，但他們的成長軌跡往往有很大的偶然性。只有建立眞正有效的模式，優秀人才的出現才能具有必然性。否則，培養人才就成了小機率事件，有很大的隨機性。

周：沒有優秀的人才，教育就很難根本改觀，這是一個惡性循環，但願偶然脫穎而出的人越來越多。

濟：從佛法角度來說，這需要眾緣和合。緣起最大的特點，就是一切結果都由條件決定。你創造什麼樣的條件，就會有什麼樣的結果，教育也是一樣。現在的關鍵是，人們對這些問題的思考不到位，更多是外行在指手畫腳，抓不到根本。雖然現狀如此，但我們還是要去努力，只要努力，總可以爲這個社會盡一些力量。總之，做就是了。

2
哲學與宗教

宗教就像螢火蟲一樣，爲了發光而需要黑暗。

——叔本華

若人信心無有智慧，是人則能增長無明。

若有智慧無有信心，是人則能增長邪見。

——《大般涅槃經》

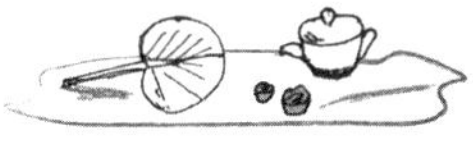

佛法大於哲學

周：我一直覺得，佛法是古今中外最博大精深的哲學。請法師說說佛法和哲學的區別。

濟：我覺得，主要區別是哲學會有一定的玄想成分，而佛法來源於實證，目的也是解決實際的生命問題，而不是單純停留在理論探索。當然，理論是必要基礎。但我們由聞思樹立正見之後，還要透過禪修，把這種聞思正見落實於心行，體認生命眞諦和諸法實相。這必須是自己親證的，所謂「如人飲水，冷暖自知」。

周：我看到你經常批判把佛教哲學化。

濟：我批判的並不是哲學，而是一部分人把佛法僅僅當作哲學來研究，並以此爲佛法的全部。從佛法角度來說，掌握理論是爲了指導實踐。也只有付諸實踐，才能眞正明瞭這些理論的內涵。否則，在名相中轉來轉去，永遠只是畫餅充饑，不知個中滋味。

周：哲學和佛法的共同點是要尋求智慧，所謂的智慧，就是要弄明白人生的根本道理。二者的區別是不是說，哲學到此爲止，沒有修行和實證這一塊，因此很難把認識到的道理內化爲眞正的智慧，就像融入了血肉一樣。這是一。二是佛教尤其大乘佛教，除了智慧還強調慈悲，而哲學沒有特別強調慈悲這個方面的內容。是不是這樣的區別？

濟：哲學本身屬於追求智慧的學問，但每個哲學家對世界和生命自身的認識有深有淺。能否對生命自身和世界眞相有正確認識，取決於認識者的認識能力。

周：在這一點上，哲學很謙虛，從來不自稱「智慧」，只是自稱「愛智慧」，也就是在尋求智慧。

濟：有時，人的想像和推理很可能接近眞相，但沒有透過實證，並不等於親

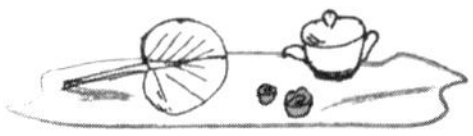

見眞相，還是隔了一層。雖然這一層已經很接近，但它隔開的是兩個世界。眞相來自實證，而不是想像、思考的產物。比如我們要體認世界的眞相——空性，就要有體認空性的智慧。科學家提出的不少觀點，包括現在的量子力學、弦論，跟唯識、中觀對世界的認識很接近。不過這是透過儀器得來的知識，雖然有助於提升我們的認識，但和以生命來現量實證是兩回事。

周：從源頭上看，哲學也不是純思辨，更不是學術，而是生活方式，這在某種意義上也包含了修行和實證體驗的意思，只是沒有特別建立一套方法而已。有一種說法，實際上是一種責難，認爲佛教也好，基督教也好，修行就是讓你的身體處於一種特殊狀態，然後這種狀態支配了你的認識，支配了你的心理活動。比如說對空性的體驗，爲什麼一定要讓身體處於一種特殊狀態，比如透過戒定這些步驟進入這種狀態，才能有所體驗？這種狀態中的認識，和你平時在一般狀態中的認識，兩者不同的原因是不是和身體有關？

濟：從佛法角度來說，一個眞正證得空性的人，可以同時活在相對和超越相對的兩個世界，不是必須在特定狀態下才能具備某種認識。我們都是活在肉眼所見的、二元對立的世界，並且執著於此，所以生命充滿局限。而聖者的內心已經超越這些界限，既能安住在他所證得的空性狀態，又能活在相對的世界。凡夫因爲內心有設定、執著和牽掛，所以無論在什麼環境下，都是不自在的。或者身體讓你不自在，或者家庭讓你不自在，或者事業讓你不自在，或者人際關係讓你不自在。即使這些問題都不存在，我們還會自尋煩惱，自己讓自己不自在。而聖者雖然和我們處在同一個世界，面對同樣的問題，卻能自在無礙，遊刃有餘。所以，體認空性並不是身體處於某種特殊狀態下的幻覺，更不是臆想。智慧是來自心靈的體證和覺醒，而

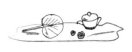

不是身體。

周：應該是這樣的。所以修行只是手段，到了聖者的境界，就應該是不依賴於這些手段了。

濟：至於其他宗教，不管怎麼修，關鍵是對宇宙人生能否做出合理的解讀，在理論上足以讓大家認識清楚。

周：其實基督教也有苦修，不過，它的信仰決定了它的修行方式。面對全知全能的上帝，修行的重點必定是祈禱和懺悔，求得上帝的啓示。

濟：佛法是一種內證。佛法認爲，人的問題都是無明迷惑造成的，同時也認爲，人具有潛在的覺悟本性，能夠完成生命的自我拯救。

周：達到這種內證，是不是一定要透過戒律和禪定？

濟：戒律也好，禪定也好，只是開發這些潛能的手段。比如戒律，是幫助我們簡單健康地生活。如果一個人生活混亂，內心往往也躁動不安，並發展出種種不良情緒。這就需要透過戒律進行規範，讓我們從生活到內心進行簡化，避免不必要的干擾。而禪定是培養持續穩定的專注力，弱化並最終擺脫迷惑系統。如果不修禪定，內心會有各種情緒和念頭來來去去，使心處於渾濁而非清明的狀態，內在的觀照力就無法開顯出來。所以，戒和定都是幫助我們開發潛能的途徑。但潛能是本自具足的，就像礦藏，本來就已經在那裡，只是需要透過相應手段才能開啓。

周：這樣說我覺得就好理解，戒律的目的是物質生活的簡化，禪定的目的是心念的簡化，這兩種簡化是通向覺悟的必由之途。

佛學補中國哲學之不足

濟：儒釋道是中國傳統文化的主流。其中，佛教雖然是外來文化，但在中國已經流傳了兩千年。如何依循這些文化傳承，建設當代中國的主流思想，造

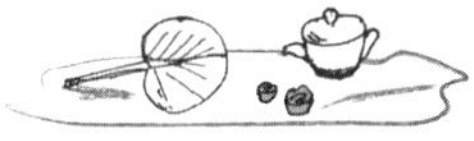

就健康的人格和心態，在今天尤爲重要。包括西方哲學，也有值得我們學習和吸收的地方。

周：這是一個普世價值的問題。佛教思想中有很多普世價值，這些是可以貫通的。

濟：西方的很多觀念，比如自由、平等、民主、博愛，也是佛教重點提倡的。比如佛教稱佛陀爲「得大自在」，自在就是最高的自由，除了重視社會環境的自由，尤其重視心靈自由。佛陀入滅後，沒有另立一位教主，而是要求弟子們以戒爲師、以法爲師、僧事僧斷，強調法治、民主。此外，佛教認爲一切眾生都有佛性，在業力面前人人平等。而大乘佛教提倡菩提心，對一切眾生都要生起無緣大慈、同體大悲。這些思想和西方哲學有相通之處，但佛法立足緣起無我的智慧，對這些問題的解決更爲究竟圓滿。

周：哲學與佛教論證的途徑很不一樣，但追求的價值目標有相通之處。

濟：社會上受過教育的人，還是接受西方哲學的觀點比較多。

周：其實也不多。

濟：哲學在中國始終處於不景氣的狀況。我聽到一些學生說，之所以讀哲學系，是因爲進不了別的系。即使讀了哲學系，大多數人也成不了哲學家。你是研究哲學的，對這種狀況應該體會更深。

周：我在上世紀六〇年代念哲學系的時候，環境就已經是這樣。那時候，大部分考哲學系的同學，是因爲考理工科沒有希望，或是在中學裡當學生幹部，以爲學哲學就是當幹部，真正喜歡哲學的很少。整個社會上關心哲學的人就很少，這和我們民族的實用品格有關，也和我們的教育有關。從傳統來說，中國文化的主流是儒家文化，過於關注國家、社會、家族的層面，很少關注人的精神層面。它主張的道德，也是爲社會的穩定服務的，不太關心人的精神上的提升。

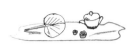

濟：儒家關注的是怎麼做人和治理國家。

周：佛教傳入中國以後，把中國人的精神層次提升了一大截。佛教對中國的儒家和道家都產生了很大影響，尤其是宋明理學，接受了很多佛教的內容。如果沒有佛教，就不會有宋明理學。在中國哲學中，占主要地位的是儒家或道家，但它們有一個很大的缺陷，尤其是儒家，不思考那些終極問題，包括生死問題、心性問題。你曾經說，佛教所思考的兩大問題，就是心性和生死問題。到了宋明理學，兩者都成了主題。所以說，佛教讓中國哲學深刻化了，更有形而上學的底蘊，彌補了中國哲學的缺陷。

濟：佛教在中國流傳兩千多年，在此過程中，爲了在這片土地生根，必然會經歷一個本土化的過程。而中國文化本身非常強大，所以佛教進入中國後，首先經歷了衝突期，然後再進入融合期。衝突期的主要矛盾有兩點。首先，按中國的傳統觀念，「普天之下莫非王土，率土之濱莫非王臣」，所

攝影／畏冰

有人看到皇帝都要禮拜。但在印度，反而是國王看到出家人要頂禮。因爲出家人是出世的修行者，是追求覺醒、解脫，傳播眞理和智慧的人。不論你在世間地位多高，哪怕貴爲國王，也要對這些人表示恭敬。這也從一個側面反映了印度社會的價值取向。而在中國的傳統中，帝王才是九五之尊，是天下最高貴的人。關於這個問題，南北朝起就有不少高僧撰

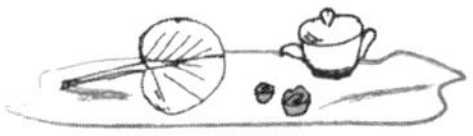

文批駁，最著名的是慧遠大師的《沙門不拜王者論》，就出家人爲什麼不能禮拜帝王的問題，提供了很多理論依據。

周：這眞是源頭上的不同，一個是崇拜世俗權力，一個是敬仰精神高度。孔子在後世被尊爲萬世師表，可是在活著時找不到一個肯尊他爲師的諸侯。古希臘的情況比我們好一些，政治領袖會把同時代的某一個大哲學家尊爲老師，比如阿那克薩戈拉是伯里克利的老師，亞里斯多德是亞歷山大大帝的老師。不過，都比不上印度對聖者的尊敬。

濟：其次是關於不孝的問題。儒家有「不孝有三，無後爲大」及「身體髮膚受之父母，不敢毀傷，孝之始也」等觀念，早已被國人奉爲眞理。而出家人不僅剃除鬚髮，還獨身無後，自然爲社會大眾所詬病。於是，當時的高僧大德又從佛經中找到各種依據，告訴大家，出家並非不孝，相反的，這是一種令現生乃至往昔父母都能受益的大孝。

周： 這仍然是注重世俗價值還是神聖價值的區別。

濟： 這些理論逐漸說服了社會大眾，越來越多的人開始領略到佛法智慧的高深，包括很多優秀知識份子，也逐漸接受並信仰佛教。南北朝到隋唐時期的出家人，不少是社會一流的知識份子，當時的文人士大夫，能有一位方外之交，在一起參究佛法，暢談人生，覺得是非常榮耀的事。在經歷衝突到接納之後，佛教開始影響到中國文化的各個方面，包括哲學、藝術、文學等等。在此過程中，當時的高僧大德為了讓佛教順利發展，讓人們知道佛教和儒家文化也有相通之處，會帶著佛學思想去注解《論語》、《易經》，乃至《老子》、《莊子》等。這樣一些注解，無形中把孔孟和老莊思想佛化了，他們做的其實是這麼一件事。所以，說中國文化對佛教有多大影響，我覺得其實並不多。只不過，在特定時期，為了便於國人接受，它在一些概念的表達上會有相通之處。

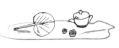

周：這是一個方面，是高僧大德們做的事情。另一方面，儒家的學者們也在主動地接納佛法思想，把它融入到儒家理論中，宋明理學是這種情況。

濟：中國古代的哲學思想缺少完整的建構，諸子百家對某些問題有思考，但不像佛法或西方哲學，形成了完整的理論體系。

周：西方哲學和佛教，相同之處是重視本體論，對世界本體要說清楚，並且重視邏輯，而中國儒家缺少這兩樣東西。

濟：儒家有「未知生，焉知死」之說，又說「六合之外，聖人存而不論；六合之內，聖人論而不議」，不太關注現世之外的東西。

周：智慧文化占主流的社會，在中國歷史上有過嗎？

濟：漢魏之後，中國的傳統文化主要是儒釋道三家，基本上可以算是主流文化。儒家比較唯物，也比較功利，對心性、生死和世界本質的思考，總體比較薄弱。關於這些問題，佛教起了很好的補充作用。在嚴格意義上，單純的儒家文化可能算不上是一種哲學。

周：不是哲學，更不是宗教。

濟：只能是一種道德，一種治理社會的倫理和規則。

周：最早提出這個問題的是王國維。他曾尖銳地指出：中國沒有純粹的哲學，沒有本土的宗教，只有政治學和道德學。孔子和孟子都是政治家、道德家。中國缺乏形而上層面的最高哲學，道家有一些。

濟：非常簡明，一條一條，並不是很系統。

周：對本體有了一種關注，提出了道的概念。

濟：剛才講到一個問題很有意思，就是諸子百家多半是爲政治服務的，缺乏對生命自身的關注。

周：這是個缺陷，佛教傳入後打破了這一點。但中國傳統的勢力還是很強大，打破得還很有限。

攝影／畏冰

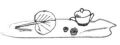

佛教流傳中的兩個盲點

周：佛教在中國的流傳，似乎遭遇了一個悖論。比如漢傳佛教的八個宗派，就淨土宗和禪宗比較流行，你也多次講到這個問題，流行的原因是因爲它們簡化，但缺少對聞思正見的重視。其他宗派比較哲學化，但缺少修行的部分。那麼，修行和哲學之間是不是很難兼顧？佛教本身好像有這個問題。

濟：佛教本身沒有這個問題。做爲一個宗派或法門來說，應該有從理論到實踐的完整體系。漢傳佛教八大宗派雖然各有側重，有的偏重教理，如唯識、華嚴；有的偏重實修，如禪宗、淨宗。但不能說，偏重教理的就沒有實修，偏重實修的就不講教理。它們存在的問題，主要是傳承過程中出現的流弊。

周：具體情形是怎樣的？

濟：佛教在隋唐時期高僧輩出，人才濟濟，所以一些宗派的修學往往起點過高。宋元以降，佛教一路衰落，也是伴隨中國文化的衰落，尤其是明清之後，學佛者的總體素質很難繼承如此博大的思想及高深的修法，久而久之，這些宗派就變得難以爲繼。佛教有句話叫「人能弘道，非道弘人」，因爲法爾如是，有沒有人修行都是這樣，但它在世間的弘揚，必須靠實證和傳播才能得以延續。相對來說，禪宗和淨土看似比較簡單，就逐漸成爲學人的首選。但我們要知道，這種簡單只是表面上的簡單，你眞要去領會它並不容易。且不說禪宗是直截了當的「向上一著」，就是淨土法門，連玄奘三藏都稱之爲「極難信之法」。

周：你給學生們講唯識論，他們中能理解的多不多？

濟：唯識宗在唐朝僅僅傳了兩三代，就開始衰落。到清末民初，早年失傳的一些唯識典籍又從海外陸續被發現並請回，刊印流通，開啓了唯識宗的復興之旅。民國高僧太虛大師就稱自己是「教學法相唯識，行在瑜伽菩薩戒」。此外，還有支那內學院的歐陽竟無等人研究唯識，北大蔡元培先生也邀請梁漱溟講授唯識，從南至北，蔚然成風。至今仍有不少佛學院在開設唯識課程，這應該和太虛大師當年的宣導有關。但佛學院的教學方式偏重知識傳授，能夠深入學習的人才並不多。在今天，特別需要有人把佛法精神眞正領會透徹之後，按照當代人能夠接受的方式表達出來，這是我們這代人要做的事。

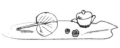

萬能的神難以成立

周：我們已經把佛學和哲學做了比較，現在來比較一下佛教與其他宗教的異同。我看過法師在這方面的論述，講得很清楚。按照我的理解，宗教的根本目的都是要解決人生問題，給人生一個最高的指導。同時，佛教成其爲宗教，是因爲它和其他宗教一樣，也有自己的教義、組織和戒律。那麼，它和其他宗教的區別在哪裡呢？

濟： 其他宗教往往建立一個萬能的神，世界是神造的，人的命運也是由神決定的，除了神的恩賜，人是沒有能力拯救自己的。而佛教否認萬能神的存在，認爲一切都是由心創造，由因緣因果決定的。人的身體、語言和思想行爲，直接決定了生命的未來走向。修行就是爲了擺脫迷惑，開發自我覺醒的力量。

周： 既然如此，爲什麼還要修建寺院讓大家去拜呢？

濟： 寺院最初的功能更接近學校，是出家人修行和傳播佛法的道場，佛菩薩則是發揮榜樣、老師的作用。當然從信仰的角度來說，佛菩薩是具有加持力的。我們禮敬佛菩薩，一方面是提醒自己以佛菩薩爲榜樣，見賢思齊，策勵修行；一方面可以經由對佛菩薩的至誠憶念，與之感應道交，獲得力量。當然，佛教更強調的是依教奉行，透過學習佛菩薩的智慧和慈悲，完

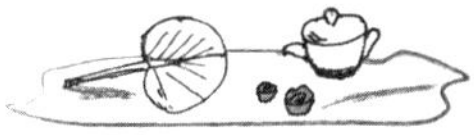

成生命的自我拯救。所以說，佛教是自力而非他力的，這是佛教和其他宗教的主要區別之一。

周：做爲一種信仰，基督教同樣也發揮讓人向善棄惡的作用。

濟：總體上，基督教是用簡單的方式在處理各種問題，只要相信萬能的神，其他問題都迎刃而解了。如果一個人對生命有更多思考，這些理論顯然沒有太大的說服力。比如上帝也喜怒無常，還把人造得各種各樣，太多的問題不容易說通。但它透過建立外在力量讓人心生敬畏，並在道德層面提倡博愛、懺悔、與人爲善，對民眾心理健康還是有益的。

周：這是《舊約》中的上帝，《新約》不是這樣，更強調精神性的信仰。在基督教看來，人的認識能力有限，靠理性不能解決宇宙和人生的終極問題，必須靠信仰來解決。

濟：提出一個萬能的神，似乎把很多問題解決了——因爲神是萬能的，那就沒什麼不可能。但要讓萬能的神成立，就存在太大的問題了。我覺得，這是一種不得已的選擇，所有矛盾都落在一點上，然後迴避這個矛盾——貌似採取了這樣一種方式。

周：而且它告訴你，神的存在是無需證明的，你要不見而信。不但基督教，從柏拉圖開始，就是這樣一個傳統，設定宇宙具有一個永恆的精神本質，我們靠理性無法認識，但我們的靈魂可以去尋求它，感應它，柏拉圖的基本理論就是靈魂來自理念世界。後來基督教演變成整個歐洲的宗教，柏拉圖起了很大的作用。

濟：上帝的內涵，根據他們的需要被不斷深化了。早期基督教信仰提出的耶和華，也只是一個普通的神，一個地方的神，也有喜怒哀樂，甚至有些暴力，會以洪水懲罰世人。經由哲學家和神學家們的努力，逐漸變成一個宇宙級的無所不能的神。從某種意義上說，這是一個從明星包裝爲超級巨星

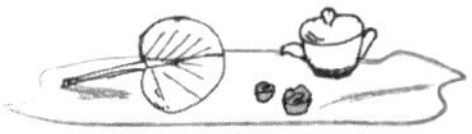

的過程。

周：你的這個說法很生動。不過，這可能是西方哲學從柏拉圖以來發展的必然結果。古希臘哲學的特點就是追問世界永恆不變的本體是什麼，柏拉圖把它確定爲一種精神性的東西，基督教把上帝的名稱賦予了它。在西方傳統中，信仰就是相信宇宙有一個精神性的本體。在佛教中，信仰的含義就完全不同了。

濟：關於信仰，《大智度論》有兩句話，叫作「信爲能入，智爲能度」。這就告訴我們，信仰只是入門的基礎，眞正解決問題，要靠生命內在的智慧，而不是僅僅靠信就可以的。對佛法義理的接受，又有「信解行證」四個階段。從對法義的相信和理解，到透過實踐，眞正體認空性，才被稱爲證信，即證得的信仰。也就是說，隨著對佛法的理解、認識和體證，你的信仰程度在不斷深化，純度在不斷提升。可見，佛教信仰不是簡單的相信，而是伴隨著整個修行過程。

周：這個意義上的信仰，其實是一種融入血肉的人生覺悟。

佛教是無神論嗎？

周：我有一個疑惑。其他的宗教，比如基督教、伊斯蘭教，都是有神論，信奉一個唯一的主宰神，而佛教從根本上說是無神的。但有個奇怪的現象：基督教有神卻無相，上帝是沒有外形的；佛教無神卻有相。在歷史上，起碼就化身來說，佛祖是一個人，有人的外形。耶和華卻不是人，沒有人的外形，這可能是一個原因。耶穌也是一個人，所以教堂裡有他被釘在十字架上的像。西方教堂裡還會有一些聖徒的像，只是一種紀念。可是，在佛寺中會有許多不同的佛像和菩薩像，供信眾燒香磕頭。

濟：佛教主要是否定有唯一的、萬能的主宰神，但做爲六道眾生的存在形式，佛教的無神不同於無神論者的無神。無神論者的無神，是否定除了人類和動物以外的看不見的生命形式，比如鬼神。但佛教並不否定這些生命形式的存在，而認爲這些都屬於六道眾生，只是另一種生命形式而已，他們也在生死輪迴中，不具有主宰人類命運的能力。當然，有的神可能福報比人好一點，或是修養好一點，能力強一點，但和人沒有本質的差別。而且佛教特別看重人的身份。因爲人類有理性，人間有苦樂，所以會不斷用理性去探索世界，追尋眞理，並在思考過程中導向智慧和眞理。相反的，天道眾生因爲福報很大，就會沉溺在享樂中，沒有動力改變現狀，最後就是「天福享盡，必然墮落」。此外，動物太愚癡，缺乏理性思考能力；地獄太痛苦，根本無暇顧及其他。而人類既有離苦得樂的動力，又有聞思修行的能力，是六道最重要的中轉站，也是我們超越輪迴、改變命運走向的契機。

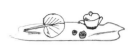

周：用人的眼光去看，天道裡的神是什麼樣子的？

濟：佛經中對天道的描述，是以佛菩薩的眼光去看。比如天有欲界、色界、無色界之分：欲界天的特點是充分享受欲望生活，其中又有不同層次的差別，層次越低，享受欲望的方式越粗俗，越接近人類；而色界天是享受禪定之樂，純粹屬於精神享受；無色界就更微妙了。

周：我很不理解佛教中六道和三界的說法，它們指的是什麼？

濟：佛教認爲，人在六道和三界流轉。六道是代表六種不同的生命形式，而三界則是對六道之一的天道的區分，即前面所說的欲界、色界、無色界。六道包括天、人、阿修羅和地獄、餓鬼、畜生，屬於六種不同的生命形態。其中，每一道又有不同的生命層次。六道的所有眾生，當這期生命結束時，會根據往昔業力，轉投新的生命形態。所謂業力，就是由不同行爲積累的力量。由善行積累成善業，惡行積累成惡業；進而由善業導向善道，

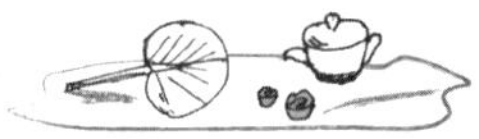

由惡業導向惡道。所以說，任何一種生命形態，都和曾經的起心動念有關。換言之，每個心念都可能發展出一條未來道路，一種生命形態，這就需要我們做出正確選擇，否則就會將生命導向墮落。但凡夫都處在無明的狀態，我們因爲不瞭解自己，就會對生命形成錯誤的認知模式，進而帶著這種模式看世界，導致對世界的錯誤認識。同時，每種心理活動出現時，都會尋找它的需要，就像饑餓的人尋找食物那樣。如果不能認清這些心理現象並加以選擇，我們就會被這些需求左右，隨波逐流，沉淪六道。從另一個角度來說，六道又是不同心理現象的外化，比如餓鬼，是貪心的無限張揚；阿修羅，是瞋心的無限張揚。

周：做爲六道之一的人，我們沒有體驗過其他五道，也很難去證明。我的疑問是，這是不是方便說法？可不可以說，六道是一種象徵的說法，活在這一道的人本身就有六種生命狀態？

濟：在印度傳統的宗教哲學中，六道是非常普遍的認知，這是來自他們的宗教體證，是他們在禪定中觀察到的。中國哲學關注的是現世，比如儒家提倡「修身、齊家、治國、平天下」，是立足於現實人生。但印度哲學重視的是實修，關注的是輪迴和解脫。正因為如此，印度的宗教特別發達，古老的婆羅門教已有三千多年歷史，著名的還有六派哲學等，僅釋迦牟尼在世時，就有九十六種外道。這些宗教哲學的共同目標，就是對輪迴做出解釋，找到輪迴的因果，進而擺脫輪迴，成就解脫。佛陀也是走上了這樣一條修行之路，不同在於，他通過尋師訪道，行苦行，修禪定，不斷超越當時人們認可的最高修行境界，最終在菩提樹下，由正逆觀十二緣起，找到了輪迴的眞正源頭，也找到了解脫的正確途徑。

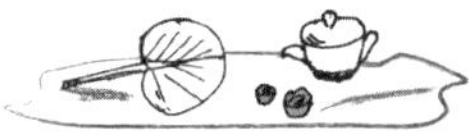

佛怎麼幫助人？

周：神的特徵，一是能主宰人的命運，二是不生不死。佛教中講到佛有三身，其中法身是不生不滅的，還有各種菩薩，如大家熟悉的觀音菩薩，能以各種身相示現救度眾生，這跟神不是很像嗎？基督教相信上帝可以保佑人，佛教不相信有神，佛本身不是神，怎麼保佑人？

濟：從佛教角度來說，神只是一個凡夫，也有喜怒哀樂。古代宗教對人類問題的解決方式，主要有行善和祭祀等。比如婆羅門教認爲祭祀萬能，認爲人類命運受梵天主宰，一切都可以通過祭祀解決，只要神說你有救就有救，說你沒問題就沒問題，是萬能的。但佛教認爲，並不存在萬能的上帝或神靈，雖然佛菩薩也能給人幫助，但不是萬能的。

周：怎麼來給人幫助？

濟：其實不必說神或佛菩薩，人也可以給你幫助。至於幫助到什麼程度，取決於這個人的能力大小。相對神來說，佛菩薩已徹底擺脫無明，圓滿開發內在覺性，有究竟的智慧。但佛教認爲，再大的力量也不能代替你，只能給予正確引導和加持。至於這種引導是否有效，又取決於你的信任與配合程度。對學佛來說，虔誠非常重要。比如我們處在一個令人肅然起敬的神聖場所，會發現心一下變得清淨了，可見虔誠具有自我約束和淨化心靈的功能。當我們虔誠而專注時，身心容易得到淨化，與法相應。有了這個基礎，再依經教修行，自然能夠走上生命的自覺自救之道。

周：我非常理解要靠自救，靠智慧和覺醒，但覺得外在力量還是比較神祕，比如加持到底是怎麼回事？

濟：如果把這個問題神祕化，就會覺得比較難懂。其實，每個人都會散發不同的精神氣息，這種氣息是有力量的，也會影響到他人。我們和不同的人接觸，就會感受到他們身上不同的氣息，有的讓你安心，有的讓你躁動，也

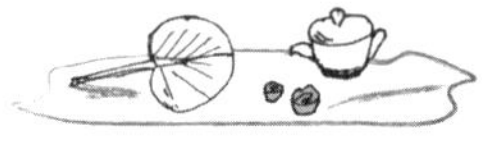

有的讓你恐懼。包括一些藝術品，同樣會傳達不同的氣息，不少人看到弘一大師的字，會感受到一種安靜的力量，但也有些書法作品讓人心浮氣躁，這就是精神力量形成的氣場。當然，普通人的心力沒那麼強，所以傳達的感覺也不是很強烈，如果一個心力超強的人，這種影響會特別明顯。

周：也就是說，是寺院的整個氛圍和氣場對你發生了作用，而不是有一個人格化的佛或菩薩，住在我們看不見的空間裡，在對你發生著作用？

濟：兩者並不矛盾。佛菩薩可以是一種無相的存在，也可以以各種身相出現，去幫助並救度眾生。這主要看因緣，所謂「應以何身得度者，即現何身而爲說法」。宇宙無量無邊，在不同的維度和空間中，自然會有不同能量和類型的生命，這很正常。如果不這樣才奇怪，憑什麼茫茫宇宙，只有地球才存在生命？而且只有人是萬物之靈，沒有更高的生命形式？在這個浩瀚到難以想像的宇宙間，怎麼會有我們這樣一幫人出現？太不可思議，太說不通了。我們這些人莫名其妙地出現在這裡，可以說有意義，也可以說根本就沒有意義。

周：我承認宇宙間可能有我們不知道的生命形式，包括比人類高得多的生命形式。這樣說的時候，我們是把宇宙看作一個物理空間，而兜率天之類好像不是如此。當然，宇宙是神祕的，不排除有非物理性質的空間和非物質形態的生命存在。不過，這是一個沒法討論的問題。

3
本體與空性

神祕的並非世界爲何如此，而乃世界竟然如是。

——維特根斯坦

無一眾生而不具有如來智慧，但以妄想顚倒執著而不證得。

——《大方廣佛華嚴經》

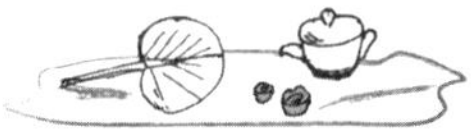

理性不能抵達眞相

周：我的博士論文是研究尼采的。尼采思想是西方近現代哲學的一個重要轉折，他的思想中有相當一部分印證了佛教的眞理。西方哲學探究世界眞相的途徑是形而上學，就是探究有形事物背後的無形的東西，可變現象背後的不變的本質。從柏拉圖開始，西方哲學認爲我們看到的現象世界是虛幻的，背後有一個眞實的本體，哲學的使命就是要找到這個本體。尼采對這個思路做了系統的批判。其實這個批判是從康德開始的，康德指出，人類不可能脫離固有的認識能力去認識事物，因此所認識到的永遠是現象，不可能認識現象背後的本體世界。這在西方哲學中是一個革命性的看法，所以康德被稱爲哲學領域的哥白尼。到尼采就更進一步，指出現象背後並沒有一個本體世界。最有意思的是，他論證了這個本體或實體的概念是怎麼產生的，我們首先錯誤地理解了自己的內心世界，爲它設定了一個不變的

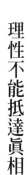

實體即「我」，而本體概念其實就是把這個「我」外推到世界的產物。他的這個觀點和佛教的「無我」、「無自性」非常一致，但是比佛教晚了兩千年。

濟：我最近和科技大學的朱清時校長交流過。朱校長隨南懷瑾學習禪修多年，一直在探索佛學，他曾寫過一篇〈物理學步入禪境：緣起性空〉，認爲現在的科學發現正在不斷接近佛學對世界的認識。

周：佛教是最早提出無自性的。世界沒有一個永恆不變的本體，現代哲學和科學都在靠近這個觀點。兩千年的西方哲學一直在探究本體論，到了康德以後，基本上否定了這條思路，反本體論成了主流，世界只能做爲現象而存在，背後沒有本質。這是在向佛教靠攏，所以佛教從哲學上說也是非常厲害的。

濟：人類認識世界的程度，取決於自身的認識能力。如果這種能力來自經驗，

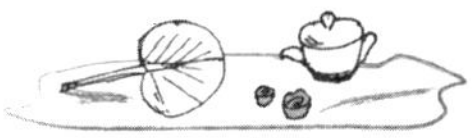

因爲經驗是有限的，由此而來的認識也必然是有限的，無法直接抵達無限。但從佛法角度來說，眾生本來就具有究竟圓滿的智慧，只是在現有生命狀態下隱沒不見，需要透過一些特殊手段將它開發出來。一旦開啓這種智慧，就能遍知一切，無有遺餘。因爲心的本質就是宇宙的本質，認識心的無限，也就認識宇宙的無限。

周：通常認爲，十九世紀後西方哲學已經走入死胡同，被稱爲哲學的危機，或形而上學的危機。也就是說，他們已經認識到，有限的理性無法認識無限，但又沒找到別的手段，所以陷入危機中，不知該怎麼辦，最後只能依靠信仰——你就相信上帝吧，上帝是無限的，最後是這樣的思路。二十世紀的西方哲學家，要麼走向宗教，要麼走向詩性的體驗，比如海德格爾；或者乾脆放棄本體論，不談無限，只探究有限，比如語言問題、社會問題。

濟：佛法給人們留下了希望。

周：但是，如果說「迷惑」是把世界的假相認作眞相，這是自我對世界的錯誤認識，那麼，正面的東西是什麼？世界的眞相到底是什麼？把假相去掉了，顯現的眞相是什麼？

濟：如何透過這樣一個假相來認識世界眞相，是佛法修行的核心所在。通常，我們是靠理性來認識世界，但理性是由文化、教育、思維而形成，是有限的，無法直接通達實相。所以佛法講到實相時，要超越二元對立。比如《六祖壇經》講到「不思善，不思惡」，在一念不生之際迴光返照，才能頓悟本心，徹見實相。而在思維或意識層面得到的所有認識，其實都是思維製造的影像，並不是眞相。佛法修行的根本，是幫助我們開顯自身本具的覺性。有了這樣的智慧，才能擺脫認識上的一切迷惑，通達實相。

周：理性所認識的都是現象，沒辦法認識到世界眞相，這個觀點，西方哲學已

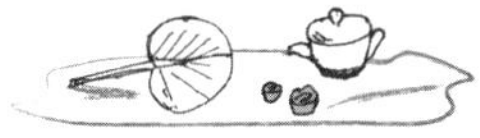

經達到。而之前兩千年的西方哲學，一直在做一件事，就是想用理性去把握世界眞相，最後發現此路不通。所以基本上達成了一種共識，就是不可能靠理性去把握世界眞相。更進一步，如尼采提出的，世界根本就沒有眞相，只存在現象世界，認識就是解釋。佛教認爲世界是有眞相的，這個眞相不是本體，也不能靠理性來認識。我很不清楚的是，怎麼來表達這個眞相。你說空性，但空性是什麼？老子的「道」是不是與此相似？

濟：老子講的「道」，在表達上比較模糊，屬於推理還是體悟，不得而知。另一方面，他沒有提供修證的途徑。而佛法是可以實證的，不僅有關於空性的理論，還提供了具體的修證路徑。佛法修證的核心，就是透過聞思瞭解空性，進而通過禪修體證空性，然後進一步作空性禪修，以此清除生命內在的無明。所以佛法修行會有資糧位、加行位、見道位、修道位。見道，就是見到空性。但見道之後還要修道，依空性禪修，才能通達圓滿的智慧。

空性不可言說

周：佛教說四大皆空，一切法空。這個空，是否就是說一切都是現象，世界沒有實體、沒有本質？

濟：佛法認爲，世界的眞相就是空性，但要知道，空性並不是空。我們談空說有，都是在相對層面的表達方式，沒有離開二元對立，而對空性的認識要超越對待。《莊子》也講：「道在螻蟻，道在瓦甓，道在屎溺。」道是遍一切處的，因爲一切法都蘊含著空性。但是，怎樣才能認識空性？還是要透過現象去認識。關於這個問題，龍樹菩薩提出了二諦的世界觀。所謂二諦，是把人對世界的認識分爲世俗諦和勝義諦。勝義諦就是實相，也就是空性。要通達空性，首先要正確認識現象世界，否則，就會被錯誤認知製造的迷惑所障礙，無法抵達實相。

周：對現象世界的錯誤認知，執著於假有，會使我們無法抵達空性。但是，去

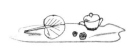

除這個錯誤認知，就能抵達空性了嗎？所能抵達的空性到底是什麼，可以用語言描述嗎？

濟：空性超越理性認知的範圍，也超越語言可以表達的範圍。關於空性，可以說「唯證乃知」，但無法具體描述。因爲任何正面的描述都是片面的，容易讓人產生誤解甚至執著，所以，佛經中更多是採用否定的方式。《心經》二百多字，「空、不、無」有好幾十個，就是用否定的方式告訴我們：這個不是，那個也不是。透過否定錯誤認知，開啓智慧的眞知。

周：道也是這樣，所以說：道可道，非常道。那麼，只能去體悟，或者說去實證？

濟：凡夫是很容易著相的，而我們的語言離不開二元世界，也就是說，所有表達都會偏向一邊。當我們說到「空」的時候，你會以爲是什麼都沒有，事實上，空性不是什麼都沒有，那是斷見。當我們說到「有」的時候，你會覺得那是一個眞實的存在，又會落入常見。所有這些角度，用二元世界的語言來表述，都會留下這樣那樣的弊端，無論說些什麼，都可能讓人執著什麼。其實，我們是有能力通達空性的，因爲這種智慧是我們本來具足的。爲什麼現在不能認識？就是因爲有錯誤認知的障礙。只要掃除這些錯誤，智慧就顯現了。但我們不要覺得，有一個叫作「空性」的實體存在，那又不是了。正如禪宗祖師所言，「說似一物即不中」；或者是，「無物堪比倫，教我如何說」。

周：空性是超越於有、無的，萬物由因緣所成，本身無實性，所以不能說是有，又因爲由因緣所成，就有了一個現象世界，所以也不能說是無。是這樣嗎？

濟：是的。認爲因緣所現的世界會永久存在，是一種叫作「常見」的錯誤見解。認爲世間萬物都是空的，無因無果，人死如燈滅，是一種叫作「斷

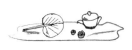

見」的錯誤見解。

周：就好比做夢，不能說夢是有，也不能說夢是無。世界就是一個夢，就把它做爲夢接受下來，不要求其眞，也不要說它假，取捨都是虛妄，要離分別相。

濟：所以，佛法主張「中道」的正確見解。

周：空性只能體證，不能用常規的認識，因爲一認識又落入了理性的限制。

濟：智慧對空性的體認，不是甲與乙的關係。我們通常的認識，是一種甲認識乙的關係，即能和所，主觀和客觀，但智慧和空性不是兩個東西。

周：如果一定要用語言來表述，是不是可以說，空性就是無自性？

濟：瞭解到一切現象的無自性，是通達空性的關鍵。同時也唯有通達空性，才能眞正體會到一切法無自性。

周：這可能是佛教和其他宗教或傳統哲學的根本區別。其他宗教和傳統哲學都認爲，世界可以追溯到一個本原，比如上帝或原子。但佛教認爲，無論物質還是精神，都是沒有本原的。

濟：佛教以緣起看世界，認爲不論心和物，都是相互依賴的，沒有不依賴條件的獨立存在。區別只是在於，心有能動性，而物質沒有能動性。人可以主動改變世界，而物質雖然也能影響我們，但這種影響是被動而非主動的。所以佛法認爲，改變世界必須從自己的心下手。

周：對本原問題我還有一個疑惑。無論西方哲學也好，基督教也好，之所以要給世界設立一個本原，是覺得沒有這個本原就不踏實，就虛無了。對於這樣一種需要本原的心理，佛教是怎麼解除的？

濟：佛教雖然不講本原，不講靈魂，但並不影響生命的延續。佛教認爲，生命是相似相續、不常不斷的。它既不是永恆的，也不是人死如燈滅般的虛無。過去的經驗會累積爲現在的生命狀態，現在的生命經驗又能成爲推動未來生命的力量，是這樣的關係。

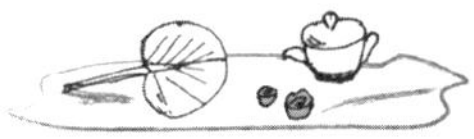

佛教的認識論

濟：印度佛教特別重視思辨，用因明層層闡述。西方邏輯是從大前提、小前提到結論，但大前提往往屬於假設，是不可論證的。上帝創造萬物，但上帝不可論證，如果否定這個大前提，別的內容就無法進行了。

周：對，三段論，如果要證明大前提，就要往前推，又有一個新的三段論。推到最初，上帝是第一個大前提，只能相信，無法論證。

濟：佛法不是這樣的。它先是拋出一個論點，接著提出論證。比如論點（宗）：聲是無常。然後提出成立的理由（因）：所作性故。再舉例（喻）：若是所作見彼無常，猶如桌子；若非所作，見彼是常，猶如虛空。「宗因喻」爲三支比量，透過正確的推理，嚴謹的規則，保證論點的成立，不存在不可論證的大前提。

周：佛教的邏輯是因明嗎？

濟：因明屬於古印度的尼迦耶學派，佛教繼承這一思辨方式，以此做爲認識論。

周：佛教的認識論是最博大精深的，沒有一種哲學比得上。在認識論方面，好像又是唯識最爲完備，是不是這樣？

濟：大乘佛教有三個體系，即如來藏、唯識和中觀。每個體系和宗派都有不同的重點。

周：中觀的重點是什麼？

濟：中觀講緣起性空、無自性空。透過對現象的分析和解構，說明我們認識存在的本質，認識到一切都是條件的假相。除了條件和變化，根本找不到獨存不變的自性（本體），從而瓦解我們對各種現象產生的自性見。從中觀思想來看，任何自性見都會讓我們陷入二元對立的世界，成爲輪迴的基礎。唯有擺脫自性見，才能超越二元對立的束縛，通達空性。

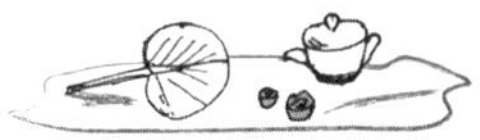

周：中觀的主要經典是什麼？

濟：我們熟悉的《心經》、《金剛經》、《般若經》等，都屬於中觀的重要經典，也是漢傳佛教地區流傳最廣的典籍。另外還有龍樹菩薩的《中論》、《十二門論》、《大智度論》，提婆菩薩的《百論》等，針對當時思想界流行的各種自性見，從緣起無自性的角度逐一擊破，所向披靡，建立了般若中觀的修學體系。後來傳到中國，形成了中國的三論宗。

周：如來藏系統的重點呢？

濟：如來藏的思想則說明，每個眾生都有覺悟本性，又稱佛性。在佛性層面，眾生和諸佛都是本來具足的，沒有差別。禪宗即立足於如來藏的見地，直接告訴學人：你就是佛，只要當下承擔，把佛性開顯出來，就能在根本上解決一切人生問題。而要認識覺性，必須擺脫對現象世界的錯誤認知和執著，否則就會卡在二元對立的世界，不得自在。不同人有不同的障礙，哲學家卡在各種思想裡，凡夫卡在名利、地位、身份、觀念、情感等種種執著中。

周：怎麼破除這種執著呢？

濟：中觀的對治方法是，你卡在哪裡，就從那個地方入手，告訴你不是那麼回事，是你自己製造的障礙把自己卡住了，此外沒有什麼在束縛你，進而各個擊破。只有把卡住你的東西解開，你才可能回歸覺性，回歸無限的狀態。所以，中觀的主要手段是破，甚至破而不立。立足於如來藏見地的禪宗法門，有時會用機鋒棒喝，破除學人的執著；有時會直指人心，讓人直下承擔，體認覺性。

周：那麼唯識在覺悟的過程中，又發揮什麼樣的作用呢？

濟：唯識是解決認識和存在的關係，告訴我們：心靈世界是怎麼回事？心和世界是什麼關係？唯識是立足於妄心來闡述各種心理現象和修行原理，更接近常人的認知模式，和心理學也有相通之處。總之，三個系統各有側重，也可以是互補的。我有時把這三方面串通起來說，這樣有延伸的空間。

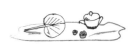

周：整體上說，佛教的認識論是怎樣的？

濟：唯識學非常重視認識論，認爲我們對世界的認識程度，取決於我們有什麼樣的認識。佛教把認識稱爲「量」，有現量、比量和非量之分。現量，在時間上指現在，空間上指眼前，而且這種認識尚未介入思維和概念，是對境界的如實呈現。一旦介入思維或概念，就屬於比量、非量而非現量的範疇。在唯識學中，前五識和第八識是現量緣境，第六意識也有現量的成分，體認空性也是現量。比量，指正確的推理，唯識學是透過宗、因、喻三支比量來完成。其中，宗的建立要離九過，因要離十四過，喻要離十過。透過嚴謹的推理和思辨，建立正確認識並教化他人。非量屬於錯誤的感覺或推理。人雖然活在共同的世界，但其實是活在各自的認知模式和需

求模式中。如果這兩個模式有問題，生命就會在延續過程中不斷製造問題。所以，改造生命要從改造認識模式下手。

以佛法智慧來看，我們的感覺和推理都沒有離開迷惑的妄識，但佛法也告訴我們，每個人都具有覺悟的潛質、無限的智慧，是有能力認識世界眞相的，關鍵是要接受智慧文化的傳承。佛教各宗派的思想，首要任務都是樹立正見。如聲聞經論講有漏皆苦、諸行無常、諸法無我；大乘經論講緣起無自性、諸法唯識，乃至一切眾生都有佛性，都是幫助我們建立對世界和人生的正確認識。同時，佛法還重視止觀禪修，經由禪修，將透過理性、推理所獲得的正見轉化成觀智，從而平息妄識，超越認識的有限性，通達空性，成就解脫。

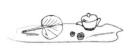

唯識的三性理論

濟：唯識以三性的理論，將我們對世界的認識分爲三個層面。一是遍計所執相，是由錯誤認識顯現的境界，包括對自我及世界的錯誤認知和執著，這種境界感覺上有，而事實卻是沒有的。二是依他起相，即條件具備、如實顯現的現象和關係，由能認識的見分和所認識的相分組成，是假有的。三是圓成實相，指一切現象的眞實本質，即眞如、空性，這是般若智通達的範疇。唯識學認爲，只有樹立正見，開啓智慧之後，我們才能擺脫遍計所執相，正確認識依他起相，進而通達圓成實相。否則，我們永遠都是戴著有色眼鏡，活在自己的錯覺中，看不到世界的眞相。

周：這三個層面——遍計所執、依他起和圓成實，可以詳細闡釋一下嗎？

濟：第一層，是呈現在我們現有認識上的世界。包括看到、聽到、接觸到的一切，我們以爲是客觀、眞實存在的，其實只是我們的錯覺而已。就像戴著有色眼鏡看世界，我們自以爲看到的一切都是眞實，其實根本就不是那麼回事，這叫遍計所執相。

周：「遍計」是周密思量，它其實是在概念和情緒的支配下進行的，而「所執」就是認定這樣得出的認識是事物的眞相。

濟：關於遍計所執，唯識學有個經典的比喻：有人晚上走在路上，看到一條繩子，卻誤以爲是蛇，而產生了許多錯誤的想法和煩惱。其中，繩子指依他起相，是客觀存在的現象；蛇代表遍計所執相，是主觀錯覺的顯現，其實是不存在的，就像那個杯弓蛇影的典故一樣。我們因爲看不清世界的眞相，執著本來沒有的東西，而衍生了無數煩惱。

周：遍計所執是對現象的錯誤認識，是完全主觀的。去除了這個錯誤認識，就能認識世界的眞相了嗎？從遍計所執到圓成實，中間還有一個依他起，它起什麼作用？

濟：依他起相是各種條件形成的現象世界。當我們認識到「蛇」並不存在，進一步還要看到「繩子」也是因緣假相而已，是一堆稻草編織而成的。而所謂的稻草，也無非是一些條件的組合。透過這些分析，可以避免我們對緣起現象的錯誤設定和執著。從遍計所執相進入依他起相的層面，首先要建立正確認知，瞭解依他起的世界是怎麼回事，認識和所認識的世界是什麼關係。當我們建立對現象世界的正確認識之後，依此正見禪修，就能清除錯誤認識及由錯誤認知形成的煩惱，從而開啓智慧的眞知。

周：依他起是相對客觀的世界嗎？

濟：依他起相，是沒有被錯誤認識的情況下，所呈現的現象世界，是相對客觀眞實的。

周：從依他起到圓成實又是怎樣的過程？

濟：當我們的內心不再陷入錯誤認識時，智慧自然就能顯現。因爲這種智慧是我們本來具足的，不是像學知識那樣，有個積累的過程。只要把遮蔽智慧的障礙去掉，它就會顯現出來，就能認識到現象世界的空性本質，即圓成實相。

世界有沒有一個本相？

周：我想把唯識的三性理論和西方哲學做一個比較。康德以後，西方哲學談到現象世界，有兩個含義：一個是呈現在我們認識中的世界，相當於遍計所執；另一個是處在互相關係中的世界，一切事物都不能獨立存在，只能由它和其他事物的關係來定義它是什麼，相當於依他起，即緣起的現象世界。但是，談到這二者的關係，好像和佛教有一個很大的不同。現代西方哲學強調，離開我們的認識就沒有關係，事物之間的關係是我們從一定角度去認識才存在的。如果沒有一個認識者，沒有一個認識的視角，事物之間就不成其爲關係。從不同的視角去看，事物之間的關係也不同，這裡有一個透視原理。這實際上就是說，現象世界不能離開認識而存在，依他起不能離開遍計所執而存在，兩者是二合一的東西。

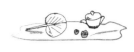

當然，西方哲學也承認認識有正確和錯誤之分，比如培根說的各種假象，以一概全的邏輯錯誤，這個意義上的遍計所執是要否定的。但是，不論正確還是錯誤，是認識就是主觀的，不存在絕對客觀的認識。如果沒有認識者，也就不會有現象世界。所謂現象世界，歸根到底就是呈現在我們認識中的世界。世界對於我們來說只有一種存在方式，就是呈現在我們的認識之中，不可能以任何其他方式存在。由此就有了進一步的推論：只存在現象世界，不存在本體世界。你只要一認識就是現象，就不是本體。所以，不存在一個所謂的世界本相。現代西方哲學反形而上學，反的就是這樣一個世界本相。在這個意義上，它好像是否定圓成實的。佛學最早反形而上學，但認爲世界有一個本相，西方哲學沒有這個東西。

濟：從唯識的角度來說，我們認識的世界，沒有離開我們的認識。唯識學否定遍計所執相，是要否定我們對依他起相的錯誤認識，建立對依他起相的正確認識。而依他起相的存在也是由認識和所認識組成，本身沒有離開認識。所以，唯識學並不認爲具有獨立在認識以外的現象世界，這也是「諸法唯識」這一理論成立的關鍵。

周：這麼看來，在否認有不經過我們認識處理過的客觀世界這一點上，佛學和現代西方哲學基本上是一致的。

濟：另外，關於遍計所執相和依他起相的關係，首先要知道，依他起相分爲染淨二種：雜染的依他起相沒有離開遍計所執。凡夫不能正確認識依他起相，產生遍計所執相；因爲遍計所執熏習雜染有漏的種子，成爲未來依他起相生起之因。而清淨的依他起相是源於正確的認識，無漏的種子，與凡

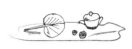

夫的遍計所執是不相關的。

周：用哲學的語言說，遍計所執是受欲念、偏見等等支配的錯誤認識，現象世界在這個錯誤認識中呈現，就是雜染的依他起相。去除這個錯誤認識，現象世界在正確認識中呈現，就是清淨的依他起相。但是，什麼是判斷認識正確和錯誤的標準，也是一個難題，因爲現象世界本身有待於認識，不能提供這個標準。爲了解決這個難題，尼采從認識之外尋找標準，這個標準就是效用。他認爲，認識就是解釋，評判一種解釋的好壞，就看它是使生命向上還是向下。

濟：至於對圓成實相、眞如的認識，唯有開啓根本智才能通達，不是有漏意識可以認識的範疇，也是理性無法抵達的。

周：空性是圓成實嗎？圓成實是怎麼回事？

濟：唯識學認爲，透過差別現象，一切法還有平等、無差別的空性本質。《解深密經》說到勝義空性有四個特徵：一、超越語言和二元對立，二、超越理性思維，三、與現象的關係不一不異，四、遍一切一味相。事物的存在是個體現象，而空性是整體、共相，所以「一」才能和「一切」聯繫起來。換言之，宇宙中任何一個點，都可以和整個宇宙聯繫起來，因爲它們有共同的實相。如果沒有內在聯繫，就不可能形成這種關係了。《華嚴經》說「一即一切」，告訴我們，每個「一」都蘊含一切。因爲每個「一」的當下是無限的，當然這種認識必須建立在空性慧的基礎上，唯有開發出內在覺性，才有能力通達。所以，能不能見到實相，取決於我們的認識能力。人總是活在自己的經驗中，活在有限的認識中，而有限是不能認識無限的，唯有開啓無限的智慧，才能通達無限的空性。

周：就是說世界有一個本來面目，有一個本相，即使世界上任何人都不具備認識它的智慧，它的本來面目仍然是這樣的，仍然是客觀存在的，對嗎？

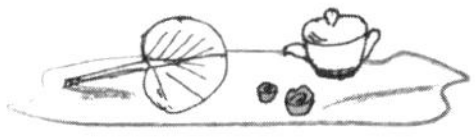

濟：對。佛經中說：不管佛陀出世或不出世，它都是這樣。

周：如果本相是指世界的整體，由一和一切的關係組成，這個觀點很有意思。宇宙中的每一個點，都和其他無限的點有聯繫，由此組成一個完整的宇宙。這個觀點從西方哲學來說，是很晚才達到的。尼采說，我們怎麼來描述這個世界呢？這個世界有無數的點，其中每一個點都和其他無數的點發生聯繫，因此，世界就是關係世界，是每一個點與其他一切點的關係的總和，實際上是無數的點與無數的點之間關係的總和。

濟：宇宙中任何一個點爲什麼能和整個宇宙發生聯繫？憑什麼這麼說？華嚴宗對這方面闡述得特別清楚。華嚴宗有個祖師叫杜順大師，唐朝人，專門寫過《華嚴五教止觀》，說明宇宙中任何一個點爲什麼能和整個宇宙發生聯繫。他的觀點是「理不可分割」，即每個現象的當下，都蘊含著空性的「理」。這個「理」是不可分割的，所以任何一個點都能和其他的點連在一起，同時也蘊含宇宙的一切。如果可以分割的話，就各是各的了。

周：好厲害啊！德國哲學家萊布尼茲提出單子論，說宇宙是由單子組成的，每個單子都是一個小宇宙，都反映了宇宙的整體狀況。和杜順的說法有一點相似，但比他晚多了。

潛意識的力量

周：在佛教中，唯識宗對認識問題有最詳盡深刻的闡述，我是讀了你的著作《認識與存在》才有所瞭解。唯識學講到八識，前五識是五種感官，第六識是意識即概念思維，最有意思的是第七識末那識和第八識阿賴耶識，深入了潛意識領域，是唯識學特有的。

濟：唯識經論詳細闡述了意識和潛意識，以及認識和存在的關係。要去探討認識是怎麼產生的，它的源頭在哪裡，自然離不開阿賴耶識。阿賴耶識就像生命的海洋，儲藏著我們無始以來的生命經驗，包括各種各樣的心理力量，這些經驗和力量又稱種子。當種子產生作用時，就構成了我們的認識和所認識的世界。同時，阿賴耶識也是生命的載體，是不常不斷，相似相續的。前六識的活動，無論眼、耳、鼻、舌、身還是意識，都受到客觀條件的限制，在某些時候是不產生活動的，但我們的生命還在延續，就是因爲阿賴耶識在執持，從無限的過去，一直延續到無盡的未來。

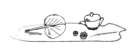

周：阿賴耶識是生命的海洋，那麼，對於每個個體來說，互相之間是有一個共同的阿賴耶識，還是每一個個體有特定的阿賴耶識？

濟：每個生命都有它的阿賴耶識，而第七末那識是潛在的自我意識。我們之所以會有自我意識，根源就在於第七末那識執阿賴耶識爲「我」。這種執著又來自根本無明，因爲無明，使它把阿賴耶識當作永恆，始終不渝地執著這個自我。第七末那識和第八阿賴耶識屬於潛意識的範疇，而我們能感受到的所有心理活動都屬於意識層面。那麼意識和潛意識是什麼關係呢？一方面，意識活動的所有資料都是由阿賴耶識提供的；另一方面，前六識在活動過程中又受到末那識的影響。這是一種潛在的俱生我執，使意識在活動過程中，時時都以自我爲中心。但眞正在生命舞台上產生作用的，主要還是前六識，尤其是第六意識。所以，修行也要從六根門頭下手，從第六意識下手。

周：意識是前五識與七、八二識的結合點，一方面透過感官接受外部世界的印象，形成觀念；另一方面受無意識中無始以來積累的心理力量的支配。關鍵好像是後者，要把這種在無意識中起支配作用的力量在意識的層面上加以認識和破除。

濟：阿賴耶識有幾個作用：一是種子，即做爲各種心理活動生起的基礎；二是做爲輪迴的載體，即貫穿生命延續的紐帶。比如你這一生和來世是什麼關係？其中有一個連接的紐帶。生命形式會改變，但紐帶貫穿始終。關於這個問題，經常有人會說：「前世的那個人和我有什麼關係？」或者，「我怎麼知道來生會成爲什麼？爲什麼要爲他負責？」輪迴中，我們的生命形式不斷在改變，在這些改變中，是否有一個相對不變的東西？如果沒有這個相對不變的，我現在做的壞事誰來買單？就存在這個問題。

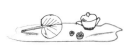

周：所以我就想問一個問題：阿賴耶識和靈魂有什麼區別？爲何佛教否定靈魂的存在？

濟：靈魂是固定不變的實體，而佛教對生命的認識是緣起論。也就是說，一切現象都不是固定不變的存在。我們所做的一切會形成業力，這是推動生命流轉的力量，也是決定未來去向的力量。但這種力量會隨著行爲、語言和心念不斷發生改變。

佛經中，經常以流水來比喻我們的生命，《唯識三十論》中，形容生命是「恆轉如瀑流」。恆，說明它是相續不斷的；轉，說明它不是恆常不變的。也就是說，生命延續是相似相續、不常不斷的，這也是佛經經常用到的概念。相似相續，說明之前和之後有一貫性，雖然你看不出什麼變化，但這一貫不是完全一致，而是時時都在變化。就像河流，剎那都在流動，每時每刻都不是剛才的河流，但在我們看來，它又似乎沒有任何變化。正因爲生命不是固定不變的，所以我們才能透過修行不斷改變它的內涵，從而完成生命的轉依，那就是——轉迷爲悟，轉染成淨，轉識成智。

周：不過，在一定意義上，基督教也相信靈魂是可以改變的，透過在人世間的修練，它的去向是不一樣的。在這一點上，它和種子有些相似，就是受到現行的轉化，你現在的行爲會改變靈魂的品質。如果不是這樣，信仰和修身就沒有意義。

4
自我與無我

成爲你自己！
你現在所做、所想、所追求的一切，都不是你自己。
——尼采

如來說有我者，即非有我。而凡夫之人，以爲有我。
——《金剛經》

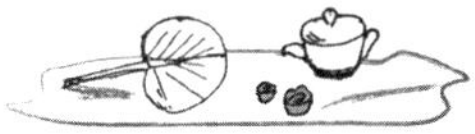

不要一輩子爲身體打工

周：西方哲學特別強調自我，而佛教的基本理論是無我，這是一個很大的區別。

濟：世人都很執著這個「我」，所有其他宗教也認爲有一個所謂的「我」，但佛法認爲，我們所認定這個「我」，其實是個假我，是一個錯誤設定。佛法以緣起的眼光看世界，認爲一切有爲法都是無常、無我、無自性空的。

周：這是佛教很特殊的地方。

濟：關於無我，理解起來會有一點困難。因爲我們平時都生活在自我狀態中，現在說到「無我」，很多人會不解：那「我」算什麼呢？事實上，無我並不是要否定這個生命現象的存在，而是要否定對「我」的錯誤認定。比如我們把身體當作是「我」，把身份、地位當作是「我」，但所有這些和生命只是暫時的關係，是來自後天的自我設定，並不是眞正的「我」。但因爲我們把這些當作是「我」，就會產生貪著，遮蔽對生命眞相的認識。佛教所說的「無我」，是要否定那些對自我的錯誤認定，只有否定之後，才能看到「我」的本來面目。

周：什麼才是「我」的本來面目？

濟：我是誰？這是一個很有意思的問題。從佛法角度來說，我們現在認定的「自我」，其實是一種錯覺。我們每天都在關注自我，但是否想過：究竟什麼代表著「我」？我們一定以爲，這個答案是顯而易見的。其實深究起來，我們會發現，這個回答充滿著不確定性：或者覺得身體是「我」，或者覺得身份是「我」，或者覺得想法是「我」，或者覺得情緒是「我」，諸如此類。事實上，我們認爲是「我」的這些東西，都是經不起推敲的。因爲這些東西和我們只有暫時的關係，即使這個須臾不離的身體，也不過是今生暫時的依託。當這個身體尚未出生或已敗壞時，「我」在哪裡？

周：在所有的認定中，「身體是我」是最牢固的認定，因爲沒有了身體，也就

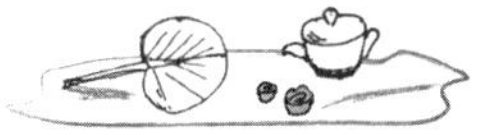

沒有了今世的生命，沒有了今世的「我」。

濟：所以說，這種對「我」的認定，只是盲目的、一廂情願的附會。如果把這種暫時的關係做爲「我」的存在，我們就會對此產生深深的依賴，乃至永恆的幻想，痛苦就隨之而來了。把身體當作是「我」，就害怕這個身體的死亡；把身份當作是「我」，就擔心這個身份的失去。包括這樣那樣的情緒：我在生氣，我在沮喪，我在痛苦……但情緒又是什麼呢？就像身上長了一個腫瘤，雖然和我們有關，但並不能眞正代表「我」，更不能說這個腫瘤就是「我」。我們之所以會被情緒所控制，就因爲把情緒當作是「我」。然後還會找很多理由，讓這些情緒合理化。其實，不過是你被控制了而已。

周：你說的這些都不是自我，我覺得是好理解的。第一，外在的身份、地位、家庭關係都不是自我。第二，自己的情緒和觀念也不是自我。所有這些東西實際上遮蔽了自我。那麼，把這些東西去除之後，還有沒有自我？還剩下了什麼比較肯定的東西？

濟：生命有兩個系統，一是迷惑的系統，二是迷惑系統背後的覺悟本性，禪宗稱之爲「本來面目」。所以，禪宗修行讓你去探究「一念未生前是什麼」，探究「父母未生前的本來面目」。而凡夫是活在念頭中，地位也好，身份也好，情緒也好，都是代表不同念頭建立起來的需要或認定。從佛法角度來看，這種狀態就像「認賊爲子」。在無盡輪迴中，煩惱不斷給我們製造痛苦，是我們的冤家仇敵，但我們因爲看不清，反而將之當作兒子般呵護備至，滿足他的一切要求。我們看不清煩惱和「我」的關係，也看不清身體和「我」的關係。很多人一生都在爲這個身體打工，活著是爲了生存，生存是爲了活著，如果我們的存在就是爲這個身體服務，這種存在其實是沒有價值的。所以佛法認爲，身體只是一個使用工具，借助它，

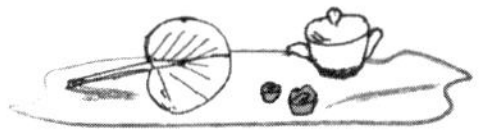

可以使我們聞思佛法，修行證道，實現生命的眞正價值。

周：無論是佛教、基督教，還是大多數哲學家，在這個價值判斷上是共同的，就是內在的東西比外在的東西重要，心靈比身體重要。在把這些外在的東西去掉以後，內在的東西是什麼？一輩子爲身體打工很糟糕，身體是工具，它是什麼東西的工具，它應該爲誰打工？人們把非我當作「我」，我們要否定的是非我，而不是「我」。那麼「我」是什麼？無我的「我」不是我的「本來面目」，本來面目是什麼？

濟：無我，主要是否定對自我的錯誤認定。我們把自己設定的一些東西當作「我」的存在，當作「本來面目」，就使我們迷失得越來越深。只有去除這個錯誤設定，我們才有能力瞭解自己的本來面目。

周：但我們還要追問，眞正的「我」是什麼？我的理解是，佛教實際上是否定這個眞正的「我」的存在的。「我」沒有實體，諸法無我，包括你這個個體，是沒有內在的、永恆不變的本質的。很多人迷戀自我，覺得這個「我」是天下最重要的，其實這個東西是非常偶然的，按照佛教的說法，就是因緣而起，因緣而滅，沒有自身的本質。這裡特別關鍵的是，從根本上否定「我」，所謂的「我」只是一個偶然造成的現象。對這個觀點，一般人在感情上是無法接受的，這個道理我懂，但我也無法接受。

濟：可以從兩個層面來說。從緣起現象的層面，佛教講無我，是要否定在五蘊的生命現象中有個恆常、不變、主宰的自我。至於緣起的「我」，並不是佛教要否定的。這個因緣和合形成的生命體，會無盡地延續下去，但不是固定不變的。

周：對於生命這種無盡的延續，佛教是不否定的，但從價值觀上是否定的，目標是斷輪迴。

濟：佛教雖然在價值觀上否定輪迴的自我，但唯有認識到緣起假我的虛幻性，才能走出我執的盲點，認識生命的本來面目。另外，我們對事物的認識深度，取決於我們的認識能力，我們有什麼樣的智慧，就會認識什麼樣的境界。認識「本來面目」是有前提的，那就是證得空性，如果沒有這個智慧做為前提，不論你覺得怎樣，其實都不是「本來面目」，還是你自己製造出來的一個東西。換言之，你的認識模式決定你能看到一個什麼樣的世界。所以，佛教特別重視對認識的修正。

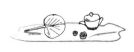

周：證得的本來面目能不能叫作「我」呢？

濟：佛教中不會用「我」的概念來表達，而是說佛性、覺性、本來面目，因爲用「我」很容易產生誤解。凡是意識去認定的東西，我們認爲是「我」的東西，事實上都不能代表「本來面目」。

4 自我與無我

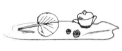

周：按照我的理解，空性歸根到底是對「我」的否定。當然，這個「我」是「小我」，所以空性也可以說是「大我」。

自我觀念的來源

周：我讀你寫的《認識與存在》，感到唯識對我執的根源有深刻的剖析。其中談到，第八阿賴耶識包括「相分」和「見分」，「相分」爲宇宙器界根身，「見分」爲有情生命主體，後者被第七末那識恆審思量，執以爲我，由此形成有情的自我意識及自他區別。簡言之，是末那識把阿賴耶識執以爲我。這個分析十分微妙。

濟：第七末那識的特點是向內認識，然後影響意識的活動。向內認識就是以阿賴耶識做爲它的所緣物件，把阿賴耶識當作恆常不變的實體。事實上，這是一種誤解，是因爲無明、看不清而造成的誤解。世間萬物時時都在生滅變化中，但因爲我們看不到這個層面，就誤以爲它是恆常而持久的。末那識也是同樣，因爲看不清阿賴耶識的相似相續，就將它執以爲我，並建立俱生我執。這種潛在的俱生我執時刻都在活動，所以就影響到前六識，形成以自我爲中心的意識。

周：阿賴耶識是無始以來的生命之流，末那識認定它是不變的自我，人出生之時，這個認定就存在於無意識之中了。人不知不覺地帶著這個認定去看一切，就在意識中也形成了自我中心主義。這個解釋很有意思，它說明了爲什麼一切眾生會執著自我，因爲這種執著是與生俱來的。

濟：但究竟什麼代表「我」呢？我們每天都在說到「我」——我想，我要，我高興，我痛苦；無論擁有什麼，都把「我」的標籤貼上去。爲什麼會這麼執著？因爲「我」是虛構的，沒有實際內涵的，所以人們就要不斷地肯定自己，找到存在的眞實感。現在有個詞叫作「刷存在感」，這也是一種尋

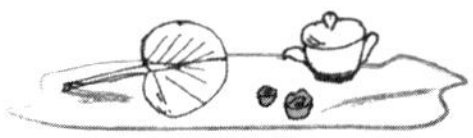

找「我」的方式——經由各種表現讓大家看到「我」，以此證明「我」的重要性。從佛法角度來說，「我」的存在只是一個概念、一種感覺。我們往往會覺得，名字代表「我」的存在，相貌代表「我」的存在，身體代表「我」的存在，身份代表「我」的存在，想法代表「我」的存在。某天很生氣，覺得生氣代表「我」的存在；某天很開心，又覺得開心代表「我」的存在。諸如此類，是不是這樣？

周：這很有道理，但又很費解。情緒和認知，以及外在的地位、利益之類，這些東西都是虛幻的，稍縱即逝的，這很好理解。可是，「我」有一種延續性，這種延續性從何而來？一個人從生到死，他的身體、情緒、行爲等等不斷變化，但總有個主體在那裡。什麼東西在變？我們只能說是「我」在變。三十歲的我是「我」，六十歲我也還是「我」，從小到大，不管年齡怎麼變化，仍然是這個「我」，這個始終存在的「我」到底是什麼？我們看重的正是這種延續性，我不會感覺「我」是一個別人，我們因此才會認眞對待自己的生命，這個東西怎麼破除？

濟：我們感覺有一個「我」，事實上，這個感覺的物件也在不斷變化。你三十歲的想法和現在的想法，三十歲的身體和現在的身體，三十歲的人際關係和現在的人際關係，可能都不一樣。但「我」的感覺具有延續性，所以把它串通起來，就像一個河床，把時刻變化、不捨晝夜的流水匯聚成了河流。

周：這種延續性的來源是什麼？

濟：延續性其實是一個感覺，來自潛意識，也就是末那識。因為末那識的作用，使意識源源不斷地產生一種自我感，然後依託不同的載體呈現出來。感覺需要有依託，這種自我的感覺，有時來自身體，有時來自想法，有時來自情緒，有時來自身份。事實上，這些感覺依託的基礎在不斷變化，所以感覺本身有很大的錯覺成分。當我們把感覺依託在某個事情上，就會不

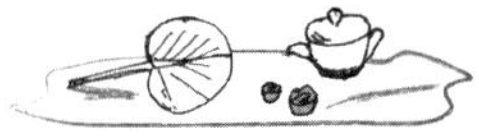

斷地強化它，感覺身體代表「我」的時候，會對身體的各種表現格外注重，從內部調理到外在修飾，忙得不亦樂乎。

周：可是，我不會把另一個人感覺成「我」，其中的界限在什麼地方？爲什麼我會把那個明明知道在不斷變化、很可能已經面目全非的自己仍然感覺爲「我」，而不會把別的任何一個人感覺爲「我」呢？

濟：很多東西是培養起來的。我們從出生以來就執著這個身體，把它當作是「我」，其中有錯誤的認定因素，也有習慣的因素。也就是說，凡夫因爲無明的關係，對身體等物件一旦產生自我的認定之後，就會形成依賴；因爲習慣於這種依賴，理所當然地就會把身體等執以爲我，而非其他。

自我像一個皮包公司

周：我覺得我的疑問還沒有解決，把對「我」的錯覺排除之後，還剩下什麼？

濟：「我」的存在由三種感覺造成。第一是重要感，凡是我的東西都特別重要；第二是優越感，凡是和我有關的都要超過別人；第三是主宰欲，希望別人都能聽從於我。這三種感覺也需要依託基礎，然後透過不斷強化而形成。當你覺得自己很重要，到底因爲什麼重要？是相貌很重要，還是身份很重要，還是學歷很重要？總要有一個依託點。優越感也是同樣，或是因爲能力很優越，或是因爲出身很優越，或是因爲身份很優越，或是因爲相貌很優越……總之，需要有一個依託基礎。但我們經由審視會發現，所有這些只是短暫的存在，都在不斷變化中。可以說，沒有一樣東西能眞正抓得住，而做爲自我本質性的存在，必須是永久的。正因爲沒有一種本質性的存在，所以這個自我就像皮包公司那樣，只是一個沒有實際內容的概念。現代人爲什麼沒有安全感？因爲我們越來越發現，自我所依託的東西是靠不住的。如果自我本身是一個獨立不變的存在，我們不可能沒有安全

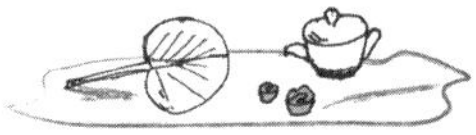

感，也不需要依賴外界支撐，更不需要刷什麼存在感。正因爲我們現在賴以支撐的一切是變化的、不穩定的，才會讓我們患得患失，產生強烈的不安全感。

周：把這些社會的和外在的東西去掉後，就一個心理個體來說，我所有的心理活動，包括我的感覺、記憶和思想等，都在我這個個體中發生。至於別人發生什麼心理活動，我只能去觀察和判斷，不能直接感知。做爲心理活動的主體，人和人之間截然分開，我不能代替你成爲你心理活動的主體，你也不能代替我成爲我心理活動的主體，這在哲學上是一個很複雜的問題。我想說的是，能不能把做爲一個個體的所有心理活動的承載者稱爲自我？如果沒有載體，心理活動怎麼辦？

濟：做爲生命個體的承載者，阿賴耶識就扮演著類似「自我」或「靈魂」的角色，而五蘊構成的生命現象，有著相對的獨立性和特質性，以此做爲個體生命延續的基礎，同時也是區別於其他生命之所在。

周：很多迷惑是出於自我的存在。別人的自我不能代替我的自我，只有我的自我才能成爲我的一切精神活動的載體。我死了，這個自我就沒有了。

濟：精神活動是不是由內在的、統一的自我決定？其實不見得。比如有些人人格分裂，嚴重的可能同時展現十種甚至二十多種人格。他可能一會兒進入這個狀態，一會兒進入那個狀態，自己是不知道的。心理治療的時候，會把這些不同人格狀態整理出來，讓患者瞭解，這種瞭解有助於他進行心理整合。常人雖然稱不上人格分裂，但在不同狀態下，也會產生不同的心理狀態，展現不同的人格特徵。高興或生氣的時候，面對朋友或仇敵的時候，往往是截然不同的。而且，每種心理都會遵循自身的活動慣性，基本上不在我們的控制之下。生氣的時候，想讓自己馬上不要生氣，多數人做不到；你很在乎某個東西，想讓自己馬上放下，也同樣做不到。所以，我

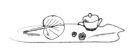

們認爲的那個具有主宰作用的「我」，其實是不存在的。

周：「我」不是心理活動的主宰，尼采也談到了，佛洛伊德還把這個觀點發展成了一個系統的理論。

濟：如果說「我」是生命系統，或是一種綜合的作用，那這只是一種緣起的假我。這種假我的思想，佛教也是承認的。問題是，我們對於「自我」的認定蘊藏著自性見，並將這種自性見表現在生活的方方面面。比如高興，覺得「我」在高興；不高興，覺得「我」在不高興；幹壞事，是「我」在幹壞事；幹好事，是「我」在幹好事。這種強烈的自我感，是潛意識進入意識後形成的一種感覺，使我們的任何言行乃至起心動念都會帶著這種感覺，貼上「我」的標籤。因爲有了「我」的標籤，我們就看不清事物眞相，進而帶來種種煩惱。

周：我們實際上談了兩個問題。一是假我，身體、情緒、身份等等都是假我，這個容易理解。二是無我，把這些假我都排除掉以後，有沒有一個眞我？也沒有。按照唯識的分析，自我觀念本身就是因第七識對第八識的執著造成的，也應該破除。這很深刻，但比較費解。這兩個問題有聯繫，後者揭示了前者的根源，自我觀念需要依託，假我由此產生。除了唯識，佛教中對自我觀念的形成還有沒有別的說法？

濟： 其他宗派沒有做這麼細的分析。

我執是煩惱的根源

周： 現代人容易患心理疾病，從哲學的角度看，根源是沒有想明白人生的根本道理，就容易對小事情想不開。佛教對人的心理有深刻的分析，想聽法師談一談。

濟： 近幾十年來，西方心理學深受佛教的影響，大量吸收「正念」等內容，

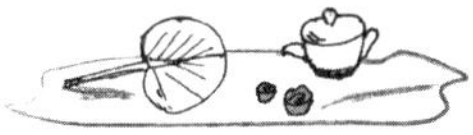

用於心理學的學科建設及心理治療。此外，還廣泛應用於醫學、教育等各個領域。當然，他們對佛法的介紹和應用，會根據西方人的方式去選擇和表現。佛法對心理的分析很細，有眞心和妄心兩大體系。就妄心的系統而言，唯識宗講得最詳細。比如潛意識是怎麼建立起來的？它是如何做爲生命載體，承載生命資訊，並把我們的經驗轉化爲心理力量？除了潛意識，佛法對心理活動的分析還有種種「心所」，包括三個部分：一是普通心理，類似傳統心理學中的知情意，佛教稱爲遍行心所，包含在一切心理活動中；二是煩惱心理，是對不良心理的剖析；三是解脫心理，是爲解脫服務的正向心理。在《大乘百法明門論》中，就把心理活動分成六類共五十一種。此外，還有以五蘊所做的簡單歸納。五蘊爲色、受、想、行、識，是組成生命體的基本元素。色代表物質的存在，受、想、行、識代表精神的存在——受是情感，想是思維，行是意志，識是了別的作用。我前兩天在北師大做了一場佛學講座，題目是「心理學視角的佛學世界」，就是幫助大家從心理學的角度瞭解佛學。

周：你從心理學視角探討佛學，有沒有一個理論框架？

濟：會有一個思路。心理學有很多流派，佛教也有很多宗派，但「心」是它們共同的關注點，包括佛教心理治療的原理、佛教對心的認識，以及對心理問題的解決。自古以來，佛法一直被稱爲心性之學，因爲它整個就是在解決心的問題。

周：你弘法時唯識講得很少吧？因爲很難懂。

濟：我不會用很專業的術語來說，而是轉化爲自己的語言。我現在給心理學界做的講座比較多，從唯識的角度闡述會更契機。因爲唯識對心理現象的分析特別透徹，能說明他們從另一個角度認識心靈世界。每個人都是活在自己的選擇中，這個選擇往往是由錯誤認知和不良需求決定的，只有對生命

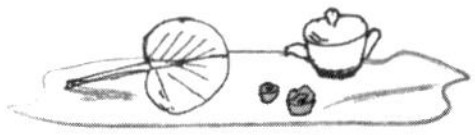

有了深刻認識以後，才知道人生的價值究竟在哪裡，知道應該選擇什麼，捨棄什麼。

周：人的大多數心理活動都是盲目的，沒有看到生命本來的樣子，完全被自己所處的環境，以及由環境造成的認識和情緒支配了，所做的選擇也往往是由錯誤認知和不良需求決定的。只有對生命有了深刻認識，才知道人生的價值究竟在哪裡，應該選擇什麼，捨棄什麼。

濟：被不良需求和錯誤觀念所支配，是非常普遍的現象。所以，每個人都需要解脫。中觀見告訴我們，束縛你的一切都是無自性的，從而各個擊破，層層掃蕩。而唯識見說明，你現在認識的世界和你是什麼關係，這些束縛是怎麼形成的。從意識到潛意識的形成，從阿賴耶識到末那識的形成，到它們怎麼卡住你，怎麼讓你越卡越深，把這套系統完完整整地給你說清楚。

周：中觀告訴你，束縛你的一切都無自性，都是假的。但緣起的假相如何形成，心與物是什麼關係，唯識學就講得特別清楚。

濟：中觀的思想是萬變不離其宗，只要你抓住一點，就可以用這個原理去看待一切。換言之，中觀是給你一個核心觀點——無自性，一切法都是緣起的，一切法都是無自性的，所以一切法的存在都是條件和變化的假相。《金剛經》中有個非常辯證的公式，比如說到世界：所謂世界，即非世界，是名世界。說明所謂的存在只是條件假相而已，緣起有的世界，本質是無自性空，任何一個現象都可以做這樣的觀察。

周：第一原理非常明確。

濟：但唯識要闡明迷惑系統的構建，涉及到方方面面。所以自己學唯識比較難，但如果有人指導，把核心和關鍵點說清楚，其實也不是很難。

周：你的《認識與存在》就已經把它說清楚了。

濟：比如，人與人之間爲什麼會產生冷漠、隔閡，甚至衝突？就是因爲建立並

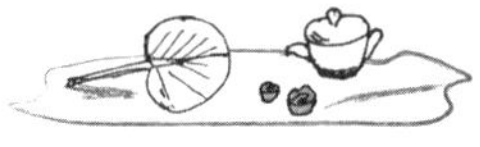

執著自我，爲了保護自我而採取很多自他對立的措施。當自我封閉的時間長了，人就會和外界產生疏離感，只有那些自我認定的東西才和「我」有關，比如我的家庭，我的事業。所有這些一旦貼上「我」的標籤，就變得重要並具有排他性。

周：這其實已經不是心理學的問題，而是人生觀的問題。對自我的錯誤認定，常常是心理疾患的癥結所在，而只要眞正徹悟了無我的道理，附著在自我假象上的一切糾結、煩惱就一掃而光了。所以，佛教和哲學都是從大處著眼，心理學是在小處著手，也許可以結合起來，用宏觀統率微觀，以人生覺悟的啓迪爲本，輔以心理治療的技術，把大小問題都解決。

洗乾淨的衣服還是衣服嗎？

周：佛教經常談論心和性的關係，也想聽法師說一說。

濟：心和性的關係主要在於，心理活動會積累成爲習性。每個人會有不同的性格，這個性格從哪裡來？就來自心理活動的積累。比如有的人貪慣了，看到什麼都起貪心，就會成爲貪性人；有的人很有悲心，不斷重複這種力量，就會成爲慈悲的人。此外，有的人心胸狹隘，有的人豁達大度；有的人自私自利，有的人大公無私，這些都是心理活動不斷重複的結果。

周：心理活動會積累成爲習性，這是一個含義。

濟：性其實可以有兩種，即本性和習性。所謂本性，即本來具備的，比如一切眾生都有佛性，這個佛性是現成的，不是靠修行修出來的。在佛法中，有時也把佛性叫作眞心，與之對應的就是妄心，即我們現前的、由錯誤認識所形成的各種心理活動。所以，心和性有相對的固定性，但它的內涵有時也會重疊，這就需要對佛法義理有一定素養才能分清楚，這時候的心是指什麼，性又是指什麼。

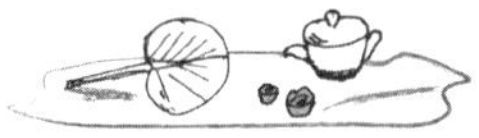

周：宋明理學有一個概念叫明心見性，也就是明眞心見本性的意思。在一定的意義上，心就是識，佛教修練的目標是透過轉變識來轉變心。我想問的是，當錯誤的識排除以後，那個轉變以後的心是什麼？

濟：佛法認爲，既有染汙的妄心，也有清淨的眞心。修行，就是要去除染汙的妄心。至於染汙心被去除之後的那個心是什麼，其實就是它的本來面目。就像一件衣服，本質上說是乾淨的，但因爲我們穿的時間長了，積累了很多塵垢。在沒有清洗前，我們看到的是一大堆灰塵和汙垢，並習慣於這樣的狀態。所以當汙垢洗掉之後，我們可能會產生質疑：還是那件衣服嗎？還是那件和我們朝夕相處、須臾不離的衣服嗎？我們的認識往往停留在現有經驗的基礎上，停留在灰塵和汙垢上，所以沒辦法理解：衣服洗乾淨了，那還是衣服嗎？事實上，我們洗去的只是汙垢部分，汙垢洗掉之後，乾淨的本質才能眞正顯現出來。汙垢的這一面相當於妄心，乾淨的這一面則屬於眞心。那眞心到底是什麼呢？當內在汙垢不斷減少的時候，當我們少一點焦慮、迷惑和混亂的時候，心就會呈現出清淨的一面，讓我們感受到發自內心的寧靜和喜悅。其實，它時常都在產生作用，只是我們的感受太粗糙了，沒有注意到而已。

周：心擺脫錯誤認識以後，它和認識是什麼關係？是不是擺脫錯誤認識以後，就擺脫了一切認識？

濟：首先要搞清楚，是什麼意義上的擺脫，是徹底擺脫，還是暫時擺脫？在佛教中，對這個過程有非常完整的闡述。無論是認識的改變，還是心的改變，都不是一次性完成的。你在見道位元獲得這種認識，就像偶爾一陣風把雲吹開，暫時看到了藍天。但雲很快又會回來，還需要不斷努力，直到徹底去除這些產生雲的因素，你的認識才是圓滿的。這時候的修行，就要讓這個正確認識從短暫的體驗不斷延長，最終雲開霧散，明明白白。它有

這麼一個過程。

周：心其實就是識的載體，我覺得心沒有認識是不可能的。擺脫了錯誤認識，就意味著形成了正確認識，那還是和認識有關。也就是說，眞心和正確認識是同一個東西。沒有認識的心有沒有？就像天空可以沒有雲那樣。

濟：如果沒有認識，沒有知覺，那就是木頭，不是心，不是生命。佛經中說到佛的智慧，其中有一種叫「正遍知」，也是佛陀的十大名號之一。佛法認爲，佛陀是一切智者，具備一切智慧，可以對宇宙中的一切遍知無餘。因爲這種認知來自心的本質，而心的本質就是世界的本質。當他體認到心的本質之後，就同樣對宇宙具有無限的認知能力。除了對本質的認識之外，佛陀還了知一切差別現象，佛法稱爲差別智。這種差別智需要學習，不是通達根本智之後自然具備的。但對一個通達根本智的人來說，他學什麼都會特別快。在菩薩道的修行中，菩薩要從五明處學。也就是說，他要去學習世間的一切學問，這樣才能有各種方式，善巧方便地利益眾生。但通達眞理的智慧不是學來的，而是需要體證。

周：就是說，差別智是對現象的認識，建立在經驗的基礎上，需要學習；根本智是對本質的認識，要靠體悟，不需要學習。那麼，根本智完全是憑天分嗎？

濟：一旦證得根本智，就完全具足了。不像差別智，瞭解這個領域的知識，未必瞭解那個領域的知識，需要一一學習。證悟並不是憑天分，也要透過修行的積累。所謂上根利智，其實是因爲過去生的積累比較深厚，所以今生的起點特別高，只需三言兩語的點撥，就能直達本質，明心見性。反之則是鈍根，即遮蔽內在智慧的塵垢特別厚，要花很多時間來清理。但不論根機利鈍，這種內在智慧是每個人都具足的，而且是無差別的，「在聖不增，在凡不減」。

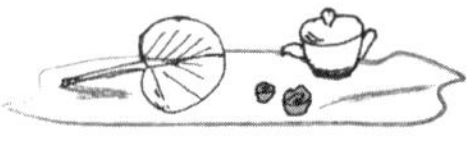

周：心和性的關係，也許可以這樣來歸納。一個含義是，由我執導致的心理活動會積累成爲不良的習性。另一個含義是，去除我執，就能回歸清淨心，洞察無我之本性。

因爲無我，所以慈悲

濟：無自性，同時也說明了我們和眾生的關係，以及爲什麼要生慈悲心。

周：這個關係是怎樣的？

濟：我們爲什麼會和眾生形成對立？就是因爲建立並執著自我。這種執著就像一道圍牆，把「我」圍在其中，與眾生產生隔閡、對立。

周：我對此還有些困惑，無自性好像還會導致相反的情形：既然我是無自性的，你也是無自性的，大家都是虛幻的存在，都是在假象中生活，何必認眞？我何必管你的事？

濟：無自性，是看到一切事物的虛妄本質，搞不好確實會導向虛無。這個關係到底在哪裡呢？從我們自身到世間一切的存在都是現象而已，本身沒有任何對立，也沒有任何界限。現象和現象的存在，以及現象和生命的存在，完全可以融爲一體。但在現實中，大到國家、民族之間的衝突，小到個體之間的衝突，可謂比比皆是。爲什麼會這樣？這些衝突在很大程度上與我執有關——是我執進行的自我保護。可見，我執正是我們不能廣泛接納他人、平等慈悲眾生的關鍵所在。只有消除這個「我」，我們和眾生才是一體的，息息相關的。佛法所說的無我，就是要拆掉我們和眾生之間的這道牆。

周：破除我執之後，可以消除人與人鬥爭的根源，會變得寬容平和，但未必是仁慈。如果每個自我都是虛幻的，就會產生一個問題：我爲什麼要幫助他們？這會有什麼價值？西方哲學有一個觀點認爲，每個「我」都是有價值的，每個生命體都是寶貴的，每個人都應該熱愛自己的生命。我愛我的

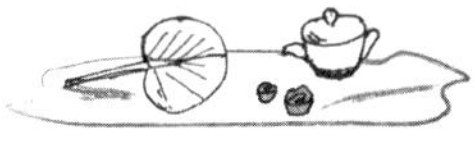

生命，看重我的自我，就能推己及人，將心比心，知道別人也是愛他的生命、看重他的自我的，所以要同情和幫助別人。仁慈的邏輯是這樣推出來的，是從有我推出來的，和佛教正相反。

濟：佛法有眞諦和俗諦之分。從眞諦的角度來說，自我是虛妄的，沒有本質的存在，但同時還從俗諦的角度認可它的存在，認可生命悲歡離合的各種狀態，否則就屬於佛法批評的斷見了。關於空和有的關係，佛法歸納爲「畢竟空，宛然有」。從本質上說，根本就了不可得，但如果徹底否定它的存在，則是斷見，同樣是不可取的。那麼，我們爲什麼要對眾生慈悲？每個生命的習性不同，在生活中，有的從小樂於助人，只要覺得好的東西，就主動積極地和他人分享；也有的天生對人不感興趣，不願和外界有什麼接觸，更談不上利他了。所以，佛教對人有種性之分，包括菩薩種性、緣覺種性、聲聞種性、不定種性和無種性。對於菩薩種性之外的其他種性來說，尤其需要培養慈悲心。而在消除我執之後，你會感受到自己和六道一切眾生從根本上是一體的，這樣就更容易生起同體大悲之心。就像你身上哪裡痛了，手本能地就會去撫慰、施救。如果眞正認識到自己和眾生無二無別，自然會對他們的痛苦感同身受，慈悲也會成爲本能。佛法認爲，如果一個人只顧個人解脫，對覺性的開發是不完整的，屬於偏空的智慧。雖然也能解脫，但不是對生命潛能的圓滿成就。

周：不是一個最高的境界？

濟：對，那只是個人解脫。要成就無上菩提，必須帶領眾生共同解脫。在修行過程中，要廣泛接觸眾生，才能斷惡修善，圓滿悲智。比如破除貪著，可以透過不斷佈施來修習。當你願意傾盡所有地幫助每一個人，就代表內心已沒有任何貪著了。再如瞋恨心，也要在受到挫折時才能得到檢驗，看自己還會不會被境界所轉。如果沒有眾生做爲對境，就很難發現自身問題。

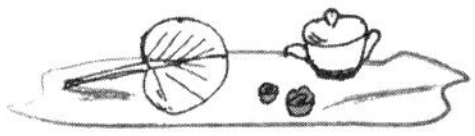

周：佛教的慈悲，我一直理解爲一種大悲憫。我們做爲有情來到這個世界，卻發現自己在這個世界是無根的，生命本身是虛幻的，用我的話說，人人都是孤兒，都是空空世界裡的過客。由這種大悲憫，產生了對眾生的大愛。慈悲慈悲，慈是從悲而來的。

濟：大悲心的成就更離不開眾生。我最近在講授寂天菩薩的《入菩薩行論》，論中告訴我們：在學佛路上，佛和眾生同等重要。首先要有佛陀指引方向，幫助我們開發智慧，但要成就慈悲，就離不開眾生。正如〈普賢行願品〉所說：「一切眾生猶如樹根，諸佛菩薩猶如花果，以大悲心饒益眾生，則能成就諸佛菩薩智慧花果。」眾生就像樹根，諸佛菩薩就像花果，以大悲心爲樹根澆水，才能開花結果。論中甚至講到，當眾生傷害你的時候，也要對他心懷感恩，感恩他來成就你的修行。因爲不是誰都願意來傷害你的，看起來是他在傷害你，其實他是藉由傷害自己來成就你，眞正受到傷害的是他自己。在這部論中，寂天菩薩以非常理性的思辨，說明我們從各個角度認識利他的重要性，從而調整觀念，修正心態。

周：這部經論造於什麼時代？

濟：這是印度佛教中後期寂天菩薩所造的論典，也是大乘佛教的重要論典。做為大乘佛子，從選擇菩提心，以發展覺醒的心做為生命目標，再到完整開發生命內在的覺性。在此過程中，不同經論是從不同的角度來指導我們。

周：對於惡人、不義之人，持一種接納的態度，可以有兩個角度：一個是寬容，就是知道他是身不由己，受經歷、習慣、環境、業力、情緒等等支配，在這個意義上予以諒解；另一個是修身，一切負面遭遇都是自己修身的教材。耶穌也主張，有人打了你的左臉，你就把右臉也讓他打。在這一點上，孔子比較有分寸，他主張以直報怨，反對以德報怨。從社會的角度說，對惡人是必須懲治的，當然，懲惡也是爲了讓他從善。

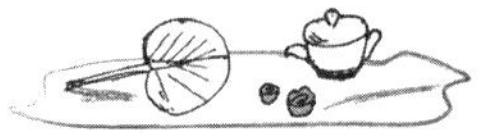

濟：寂天菩薩說，在成佛道路上，眾生和佛同等重要。這個重要並不是說，眾生和佛在功德上是一樣的，而是說，佛菩薩幫助你成就智慧，眾生幫助你成就慈悲，兩者缺一不可。佛法認為，利他也能開發智慧。為什麼這麼說？人之所以不能解脫，就是因為陷入錯誤的自我狀態。我們設定了一個自我，在這個以自我為中心的狀態中，又會不斷強化自我的感覺，越陷越深。反之，如果一個人不斷想著社會大眾，想著利益他人，就是弱化我執的過程。當我執被不斷弱化，建立在我執上的所有煩惱也在逐步瓦解，覺性就得以顯現出來。所以利他不僅能成就慈悲，同時也在開顯智慧。

周：很有道理，利他本身是一種無我的實踐，而無我就是覺醒，就是智慧。

5
自由與命運

人是生而自由的，但卻無往而不在枷鎖之中。

——盧梭

未曾有一法，不從因緣生。

——《中論》

因緣和合，由因感果

周：我覺得佛教中「緣」這個概念特別有意思，想聽你講解一下。我的理解是，緣包含兩個方面：一個是因果性，有果必有因，所以緣是有來歷的，應該珍惜；另一個是偶然性，許多因素湊到一起才會發生，這些因素完全可能沒有湊到一起，所以緣又是偶然的，不可執著。

濟：佛教講到「緣」，通常是和「因」在一起，所謂因緣和合。也就是說，任何事物都是條件決定存在，而不是自己決定自己的存在。這些條件又會有親疏之別，即主要條件和次要條件。其中，因是主要條件，緣是次要條件。就像耕種，種子是因，而土壤、陽光、水分就是緣。

周：業和因緣是什麼關係？

濟：業就是因，有合適的緣，就會產生結果。從因到果，因是主導性的，緣是由因感果的輔助條件。佛法認爲，在我們的生命走向中，業決定一切。業包括身體、語言和心理三個方面，即身、口、意三業。其中，身體和語言的行爲根源在於心理，如果沒有心理的作用，我們是沒法說什麼做什麼的。由身口意形成的力量，就是業力，又叫業因，相應條件具備時，業力就能產生結果。

周：那麼，「緣」起的是什麼作用？

濟：在命運發展過程中，除了因這個主要條件，還需要緣的成就，就像種子，必須有土壤和陽光雨露才能生根發芽。因和緣同時具足，才能產生相應結果。佛法認爲，業形成後不會自己消失，但透過懺悔可以使重業變輕，乃至不產生結果。我們的身口意三業時時都在種下新的業因，影響命運走向。其中，心念本身就是意業，同時還會影響我們的身業和語業，即行爲和語言。所以，它是主導命運的關鍵所在。

周：因和緣，主要條件和輔助條件，它們組合到一起是必然的嗎？

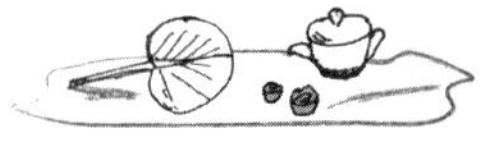

濟：緣起就說明，一切不是由造物主決定的，也不是偶然的。

周：緣起和偶然的區別是什麼？

濟：偶然就是沒有因果觀念，一切的出現和消失都毫無規律。而緣起是說明條件決定一切，沒有不依賴條件的存在。哲學往往強調第一因，強調世界由某個基本元素組成，如原子、極微等，這是不依賴條件而獨立存在的。但從佛法角度來說，並不存在獨存的實體，一切都是條件的組合，是緣起的。

周：西方哲學中有一個難題，就是必然性和自由意志的問題。十七、十八世紀歐洲有一派「機械決定論」，認爲任何一個現象的發生都是有原因的，而這些原因又是之前一系列原因的結果。你剛才說，因和果之間有緣做爲條件，他們就會說，條件也是因，而這些條件之所以具備，本身也是有原因的。總之，某個結果的產生，可以追溯到一個複雜的因果關係網，從而證明了它的必然性。比如說，一個人的性格、品德、行爲，他之所以成爲今天這樣一個人，透過對一系列因果關係的分析，我們能夠證明這是必然的，他自己是完全不能支配的。

濟：印度也有類似的宿命論，認爲命運已經決定，不可改變。而佛法是緣起論，承認命運由因感果，有一定的規律可循，但同時也認爲，可以透過努力改變命運，其結果不是一成不變的。佛法所說的懺悔法門，就是用來對治的有效方法。你雖然做了將帶來不良結果的行爲，但內心還有另一種力量可以動搖它，就像用炮彈去轟炸一樣。比如你傷害他人之後，本來會造成雙方敵對甚至冤冤相報的結果，但你眞誠地向對方道歉並盡力彌補，就能在一定程度上改變原有結果。至於改變到什麼程度，也是由各種條件決定的。

周：關於心念的問題，機械決定論者就會說：爲什麼這個人有這樣的心念，那個人有那樣的心念？也是有原因的，比如這個人遇到了濟群法師，那個人

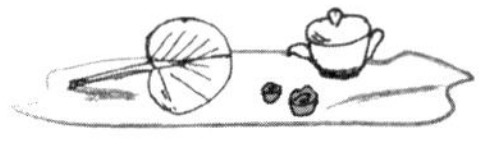

沒遇到，所以仍然是「被決定」的。我覺得這個邏輯的問題是把因果性等同於必然性，既然不存在無因之果，就當然一切皆必然了。

濟：關於命運，佛法不同於宿命論，認爲一切都是命中註定，不可改變；但也不同於偶然論，認爲一切都是隨機發生的，不可把握。佛教對命運的認識，可以用「因緣因果」四個字來歸納。也就是說，命運是由因感果的過程，有一定規律可循。也因爲由因感果，所以隨時都會因爲各種條件的變化而影響結果。

周：命運這個概念可以有兩個含義。一是機械決定論，有果必有因，結果可以追溯到一系列原因，因果性即必然性。這個意義上的命運，我認爲不能成立。另一個含義，就是認爲有一種神祕的主宰力量，人的遭遇受它的支配，這是大多數宗教的觀點。我理解，佛教和兩者的差別在於，佛教把人的精神狀態和行爲都納入了因果體系，而且是重要的因果，並不是一說原因就是外在的，內在的因素更重要。心念主導行爲和習慣，進而決定命運，所以命運更多是由內在力量決定，是可以改變的。這種觀點，就既不是機械決定論，也不是神祕主義。

濟：佛教一方面承認命運，另一方面認爲命運是可以改變的。

周：其實西方哲學有兩個極端，除了機械決定論，還有一派強調自由意志，人可以自己做出決定，把決定變成行動，就在一定意義上打破了既有的因果關係，或者說成爲了因果關係中新的因素。現代西方的存在主義，尤其是法國哲學家薩特，極端地強調人的自由。他提出一個命題叫「存在先於本質」，就是說你沒有一個前定的本質，你的存在在先，然後你的選擇決定了你的本質，你選擇怎麼做人，就會成爲什麼樣的人。

濟：在生命延續的過程中，選擇非常重要。因爲生命不是單一的存在，而是多元、複合的存在。我經常說，你是什麼，比你擁有什麼更重要。這個是什

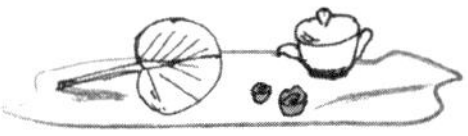

麼，其實就取決於我們的選擇。

周：所以佛教好像不贊成算命。

濟：佛教不提倡算命，強調的是「因上努力，果上隨緣」，但也不認爲算命一定是無稽之談。生命是緣起的，有它的因緣因果，就說明有規律可循。既然有規律可循，就可以遵循一定的規律來瞭解。當然，預測的正確與否，取決於方法對不對，學藝精不精。

心的能動性

周：機械決定論是一種特別鑽牛角尖、較死理的理論，但要反駁它很困難，它在邏輯上很能自圓其說。我們可以說，有的人發揮了主觀能動性，有的人沒有發揮，但爲什麼你發揮了而他沒有發揮？每一個個體的覺悟程度、努力程度不同，原因是什麼？他們會一直追問下去，最後告訴你，歸根到底是由環境和遭遇決定的。

濟：他們忽略了一點，就是我們的心。佛法認爲，世界由心和物構成。物是被動的，而心具有能動性。當然，每個心的能動性不同，爲物所役的程度也不同。有些人對物質的依賴很深，沉迷其中，能動性會隨之減少，甚至完全被動，所謂「危身棄生以殉物」，用現在的話說，就是做了物質的奴隸。反之，有些人對物質的依賴較少，心的能動性會更強，自由度也會更高。

周：這從理論上很難講清楚。比如說同樣的環境，爲什麼人們有不同的心態，不同的行爲，對於物質的依賴，爲什麼有的人多有的人少。如果仔細分析，也許可以發現原因是對環境的態度不同，但爲什麼對環境會有不同的態度呢？又應該是有原因的。

濟：還是根據每個人的需求模式和認知模式。

周：需求模式和認知模式從哪裡來？

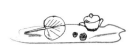

濟：生命長期積累而成的。從原有的生命素質，到現在的文化教育，形成他的需求模式和認知模式。

周：是很多因素、因緣的綜合。

濟：有現在的因緣，有過去的因緣。

周：無數的因緣導致現在的結果。這樣又會問，自由在什麼地方？

濟：每個因緣都可以視爲一個因果系統。有的人創業，企業就形成一個因果系統；有的人成家，家庭會形成一個因果系統。其實人有很大的選擇空間，可以選擇進去還是不進去。如果不進去，這個系統對我就是無效的；或者我雖然進去，但心不會黏上去，也是可以超越的。

周：就是說，人面對因緣不是被動的，我可以選擇因緣。

濟：但人們因爲無明，往往自動放棄了選擇權，放棄了心的能動性，而是被各種因緣推動著，不知不覺地進入其中，爲其所轉。有智慧的人才會看清：

我要不要進去，進去之後怎樣超越它。換言之，有智慧才有主動權。

周：也就是說，對於正在發生的因緣，人可以有一個清醒的認識，和它拉開距離，進行選擇，而不是被它拖著走，人有這個自由。

濟：你可以去瞭解每一個現象，每一種因緣因果。一棵樹的成長也有它的因緣因果。我們每個人，不論做學問還是辦企業、走仕途，都可以選擇。什麼因緣因果對我來說更有價值，我就可以選擇什麼，所以價值觀很重要。

周：對，人在價值觀上可以自己做主，這是人的最重要的自由，因此而成爲自己人生的主人。如果放棄這個自由，就只能被環境和外界的因素支配了。

濟：環境之所以能鎖住你、左右你，主要是因爲你內心有一份需求和執著。比如一些體制內的人，他也覺得不自由、被束縛，爲什麼不走出來？就是因爲放不下體制提供的保障。佛教所說的解脫，是要解除內心對外境的這份需求和執著。如果沒有這些需求和執著，我們就可以在任何一個系統自由

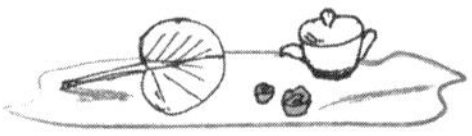

出入，不爲所縛。

周：所以人的心態非常重要，是心態決定命運，而不是環境。

濟：環境就像一種程式，如果你不夠獨立，進入程式後就被卡住了，不由自主。反之，如果能保持超然獨立的心態，不論進入哪一個程式，都能隨緣自在。

周：按我的設想，可能有兩個因素決定能動性。一個是它本身能量的大小，不同的人，天賦的能量不一樣，按佛教的說法，可以用前世的積累來解釋。另一個是環境限制和自身努力的情況不同。

濟：從佛法角度來說，心本身具足的能動性是一樣的，但被五欲六塵遮蔽的程度有深淺，所以會顯現出不同的作用。就像陽光普照大地，平等無別，但每個人得到的光照各有不同。遮蔽越多，得到的光照就越少。如果把自己完全封閉起來，就會處於徹底的黑暗中，無法得到一絲光照。

周：悟性沒有先天的成分嗎？

濟：就眾生所具備的覺悟本性而言，是完全一致的。當然，很多人的生命確實在隨波逐流，不由自主，用流行的話說，就是「被某某」，或「某某控」。每個人對環境的黏著和依賴不同，被控的程度也隨之不同。生命，尤其是凡夫的生命，確實有很多不自由的成分，其中有環境因素，還有自身能力、福報、認識等各方面的局限。儘管有這些限制存在，但多少會有選擇餘地。從另一方面來說，我們還可以透過修學增強能力，積累福報，糾正認識，隨著各方面的提升，會有更多自由的空間。當然這種自由是有限的，不是無限的。基於凡夫的心理特點和生命現狀，機械決定論認爲人對命運沒有主動性，也有一定道理，關鍵是他們沒有發現生命本來具有的能動性。

周：這樣問題又產生了，爲什麼有的人沒有發現生命本來具有的能動性，有的

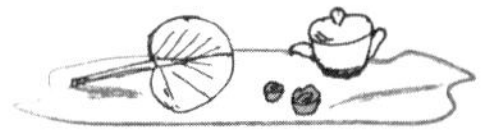

人能夠發現？

濟：是不是發現，取決於你是否具備發現的能力。這個能力需要透過修行來開發，就像礦藏，它本來就在那裡，但不是每個人都能發現的。所以，我們需要培養能力。

周：佛教是兩個方面都強調。今天你是這樣一個人，有這麼多迷惑，這是一個結果，不但是環境、經歷、教育的結果，而且是無限生命積累的結果。另一方面，你可以主動解除這個迷惑，成爲一個因，產生新的果。兩方面都強調，哪方面更重要呢？份量一樣的話，理論上是不是有點圓滑？

濟：雖然有它的前因，但人有一定的自由意志，你可以選擇。一方面，過去的生命積累決定你現在是什麼狀態，有什麼認識。在此基礎上，你當下又可以對未來生命做進一步的選擇。這個比較合理，不是圓滑。

周：佛教一方面反對一切皆必然的宿命論，另一方面反對擺脫因果關係的絕對自由意志，只承認一定程度的自由意志，也可以說是一種中道。

濟：無限誇大人的自由意志肯定是有問題的。雖然人有自由意志，但它受到很多限制，包括閱歷、視野、知識結構、生存環境等，只能是相對的。

周：人們最後發現，最能說服人的理論是不走極端。絕對的機械決定論讓人很不舒服，絕對的自由意志論也很不可信。把自由和必然統一起來，許多哲學流派都想這樣做，但我覺得佛教是比較最說得通的。

命運的可變和不可變

周：佛教認爲，命運是由內在力量決定的，心念主導行爲、習慣，決定了命運，所以命運是可改變的。但是，命運有沒有不可改變的客觀的方面？是否應該把命運和對命運的態度加以相對區分？我們一般用命運這個詞來表述自己完全無法支配的人生遭遇和軌跡，在這個含義上，是否可以說人不

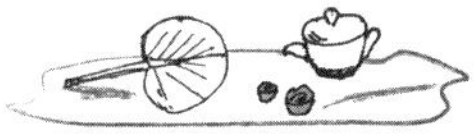

能支配命運，但可以支配對命運的態度？當然，這個態度對今後的遭遇會發生影響，我們是否應該只在這個意義上說，人對命運是有自由的？

濟：這是兩個方面，一是能不能改變命運，二是怎麼看待命運。首先，能不能改變命運？這和人們對生命的認識有關。在很多宗教哲學中，往往把命運歸結爲外在力量，認爲由一個主宰神來決定吉凶禍福。佛法和一般宗教的最大不同，是否定主宰神的存在，認爲一切是由我們自己決定的。這一觀點來自對生命本質的認識，或者說，來自對心性的認識。西方的宗教哲學，包括中國的儒家，對心性的認識比較薄弱，而這正是佛法最擅長之處，所以自古以來就被稱爲心性之學。佛陀當年正是透過禪修向內觀照，最終明心見性，了悟生命眞相，了悟存在的緣起差別。從緣起論的角度，佛陀發現命運是可以改變的，進而找到自我拯救的方式。其次，怎麼看待命運？面對一個現象時，你是接納，還是對立、牴觸、仇恨？這些態度會直接給當下帶來不同感受，同時給未來生命帶來不同走向。

周：即使心性問題解決以後，仍然不能否認有個人不可支配的外在遭遇。世界上發生的許多事情，或者針對你而發生的許多事情，你是無法支配的，但你可以支配對它們的態度。比如說，你的心性問題解決得很好了，但是你突然得了絕症，遇到了天災人禍，這是你無法支配的。個人無法支配的事情和可以支配的事情，這兩者是不是還應該有一個區分？

濟：其中還是有一個內在聯繫。從整個世界來說，每個人的存在，想什麼、說什麼、做什麼，都和他的心性有關。如果人人都有良好的心性，世界就完美了，所謂「心淨則國土淨」。反過來說，如果人人內心充滿貪婪、仇恨、愚癡，這個世界一定會問題重重，鬥爭不息，這是人和世界的關係。再如人和自身的關係，你有良好的心性，飲食有度，行爲節制，肯定活得更爲健康。反之，如果總是根據欲望生活，任性、貪婪、暴躁，缺少對色

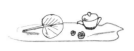

身的認識和緣起的智慧，當下就會給自己的身心帶來很多問題。

周：人們的心性狀態的確會對世界的狀態發生影響，也會對自己的生命狀態發生影響。但是，我覺得仍然不能因此就否認存在著不受心性狀態影響的客觀事件。

濟：到底有沒有絕對的客觀？現代物理學已經證明，對於存在的現象而言，觀察者不只是一個客體，同時也是參與者。換言之，心念會直接影響世界的存在。當不良情緒表現在身體上，會引發各種身體疾病；表現在生活中，則會影響外在環境，甚至整個世界。

周：好像基督教裡有一則祈禱詞是這樣說的：「上帝啊，請給我力量，讓我接受那不可改變的；請給我力量，讓我去改變那可以改變的；請給我智慧，讓我能分清楚可改變的和不可改變的。」可改變的和不可改變的，二者之間還是有一個界限的。我們必須承認人的命運裡還是有不可改變的因素，對這不可改變的應該坦然接受，對可改變的則要努力改變。

濟：從究竟層面來說，一切都是可以改變的。關鍵在於，你有沒有那麼大的力量。很多時候，事情雖然可以改變，但因爲你的力量遠遠不夠，感覺上似乎不可改變，似乎你努力的結果等於零。事實上，只是它的作用太小，所以暫時感覺不到。比如水滴石穿，當第一滴甚至一百滴水落到石頭上，你看不到任何改變，但假以時日，改變就出現了。佛教的「諸行無常」就是告訴我們，一切存在的現象，心理現象也好，物質現象也好，都是無常的，是可以改變的，但這種改變可能要積累到一定程度才能感覺到。

周：諸行無常是事物本身在不斷地變化，好像和人沒有關係吧？

濟：所謂諸行，包括宇宙的成住壞空，也包括人類的生老病死、悲歡離合，乃至一切的一切。諸行無常也是同樣，既有自然規律，也有人的主觀努力。所以，很多自然現象也和人有關。比如現在這種盲目的、肆無忌憚的開發，正在加速生態環境的毀滅，使自然災害頻頻發生。反過來，如果我們珍惜自然，保護生態，就可以讓世界更加風調雨順。所以，人的因素至關重要。

周：我也認爲人的因素至關重要，但這和承認命運中有不可改變的因素好像是兩回事。其實，承認這一點，本身是很積

攝影／畏冰

極的，可以使我們在面對不可抗拒的挫折和災難時坦然接受，保持心靈的寧靜。如果不承認，一旦遭遇不測，就會痛苦不堪，甚至被徹底擊倒。

濟：佛教所說的接受，不是通常理解的被動、消極或無可奈何。因爲我們接納的是結果，而不是放棄因上的努力。如果過去的因已經形成，結果是必然的，不接受也於事無補，只會讓人因爲抗拒而更加痛苦。但要知道，因果是在不斷發生的，當我們看到如是因感如是果的規律，就要從當下做起，從每一個因上加以改變。很多時候，我們對無常的認識會偏於消極，其實，無常只是說明事物在發展變化，往壞的方面發展是無常的，往好的方面發展也是無常的，至於往哪裡發展，取決於我們創造什麼樣的因緣。創造正向因緣，無常就往好的方向發展；創造負面因緣，無常就往壞的方向發展。如果不是無常的話，事物就永遠是壞的或好的，再努力也白費工夫，那才眞正是不公平的。

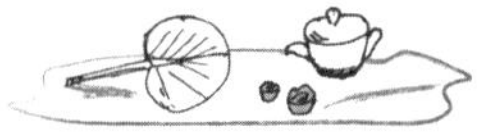

誰爲前世的善惡買單？

濟：現代人特別強調個性，但個性是什麼？個性就是一種習性。孔夫子說：性相近，習相遠。在不同的時空中，我們會逐漸形成自己的性格特質，這是千差萬別的。但習性背後還有共同點，比如貪瞋癡，就是凡夫所有習性的共同基礎。

周：個性不一定都是壞的，不一定都是習性。人性的優點，在每個個體身上的表現方式不一樣，這種不同的表現方式也是個性，是好的。

濟：從佛法角度來說，凡夫的生命基礎決定了你是凡夫，聖賢的生命基礎決定了你是聖賢。對於凡夫來說，並不是沒有優點，但這個優點仍是建立在迷惑和貪瞋癡的基礎上。

周：聖賢和凡夫之間有鴻溝嗎？

濟：在生命品質上有差別，而且是巨大的差別。

周：差別肯定存在，但這個差別是不可跨越的嗎？

濟：可以跨越。凡夫也具備聖賢的潛質，只不過目前發展了凡夫的那一面。

周：我倒覺得不行。可以用佛教的解釋，在不斷的輪迴過程中，人們的積累和來源是不一樣的。我們在生活中看到，人和人之間天生的差別特別大。當然，也有極少數的例子，大惡之人變成大善之人，大愚之人變成大智慧者。

濟：孔子說：唯上智與下愚不移。有些人先天善的力量比較強，不容易受到不善的影響，反之亦然。此外的多數人是可上可下的。但佛法告訴我們，一切生命都是緣起的，沒有固定不變的特質，用現在的話來說，就是「一切皆有可能」。如果我們創造不同的因緣，生命就會有不同的發展。當然，因爲目前的生命起點不一樣，所以開發時用的力氣也不一樣。

周：降生到這個世界上的時候，起點就已經不一樣了。

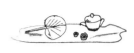

濟：這是過去生命的積累。佛法認爲，生命不是以今生爲起點。有些人可能過去生就學佛很長時間了，這方面慧根深厚；也有些人今生才剛剛開始，就需要付出更多的努力。

周：過去的生命積累造成了這一世的素質，這個東西很難發生根本性的改變。

濟：可以改變，但要有很好的方法。有些人習氣深重，似乎不可能改變，所謂「江山易改，秉性難移」。但在究竟層面來說，習氣是建立在錯誤設定的基礎上，就像沙灘上的建築，也是沒有根的。如果找到關鍵點，就能從根本上剷除它。

周：爲什麼說是沒有根的？

濟：在錯誤設定的基礎上不斷積累，形成一個龐大的建築，我稱之爲「輪迴的大廈」。但這座大廈的基礎來自錯誤設定，只是一種錯覺而已。一旦認識到這一點，基礎就立刻垮塌了，所以它是沒有根的。

周：一世又一世的積累，力量應該是很強大的，需要更大的力量才能推翻，這個力量從何而來？

濟：我們本身具備改變的潛力。

周：爲什麼在這個人身上具備這麼大的力量，能把這麼重的東西推翻？前世積累的東西，有許多負面的東西，是不是也積累了很多正面的東西？我們經常說某人有慧根，慧根是什麼呢？我理解有兩個意思，一是指天賦好，二是指塵垢少，意思是不同的。

濟：兩種說法可以統一。當我們說某人慧根深厚時，就意味著他的心垢很薄，所以悟性才能很快顯現並產生作用。反之，如果內心佈滿塵垢，悟性就會被遮蔽，難以產生力量。

周：這裡迴避了一個問題，如果都沒有塵垢的話，慧根是一樣的嗎？

濟：如果立足於覺性來談慧根，所有眾生都是平等的，沒有任何差別。諸佛如此，螻蟻同樣如此，這也就是《心經》所說的「不生不滅，不垢不淨，不增不減」。但從今生的起點來看，所顯現的慧根深淺不一，因爲每個生命的內在塵垢不同，被遮蔽的程度也不同。所以有些人會不斷追問人生的終極問題，有些人會偶爾觸及，也有些人從不覺得這些和他有什麼關係，這就是慧根深淺和有無的區別。

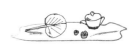

周：這個區別是先天的，還是後天的？

濟：生命是一個無盡的積累。

周：不存在先天後天，現在的先天是前世的後天，這樣就能說通了。

濟：古往今來有很多修行人，他們基於對生命的困惑，不斷探索，積累了摧毀負面系統的力量。

周：透過什麼途徑積累？

濟：兩方面，一是自身積累，二是文化教育。

周：是現在這一生的？

濟：不只是這一生，過去生中很早就積累了。根機的深淺和過去生有關，但這就像接力賽，哪怕今生接到這一棒時有點晚，也可以奮起直追。最重要的是，佛陀發現每個人本身就具有改變命運的潛質，這是最根本的力量。

周：基礎是先天的，後天能改變，但幅度有限。有些人很容易覺悟，有些人怎麼和他說都不會覺悟。

濟：禪宗把人分爲利根和鈍根。所謂利鈍，其實也和迷悟有關。有些人內心塵垢很薄，屬於利根，只需稍加點撥，即可直指人心。有些人內心塵垢很厚，屬於鈍根，必得慢慢磨鍊，方能撥雲見日。我們看很多禪宗大德的悟道因緣，常常在善知識的直指下即刻開悟，親見本來，這就是上根利智的緣故。

周：塵垢的厚薄是一種情況，心量的大小有沒有區別？有些人天生就心量小，

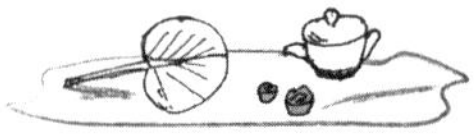

有些人則心量大，心的容量不一樣。

濟：就像虛空沒有大小一樣，從究竟意義上說，心也沒有大小。人在覺性上是一樣的，在這個層面，佛和眾生也沒有區別，只是遮蔽的塵垢有不同。什麼是天生？你今生來到這個世界的起點，是前生的積累，不能說是天生。就像坐井觀天，如果你就生在一個井裡，的確只能看到井口那麼大一片天，但你離開這口井，就能看到無垠的天空。佛教認爲，唯有人人皆有的佛性才是天生的，其他一切都是生命中的積累，是無盡輪迴中的積累。

周：說到輪迴，你沒法決定自己投生在什麼地方，比如投生在中國或印度。如果投生在沒有佛教傳統的地方，是不是就不會開悟？

濟：從今生來說，我們投生在哪裡似乎是偶然的，自己不能決定。但從佛法的生命觀來說，每個生命都是隨業流轉。這種業力並非憑空產生，而是取決於每個人曾經造下的身口意三業。所以，出生不是偶然的，是由業力決定的。如果說業力是命運的源頭，那心念就是業力的源頭。當我們在心念中不能自主，對心念產生的業力同樣不能自主，對業力導致的命運更不能自主。反之，如果我們能把握自己的心念，也就能進一步把握行爲，把握命運。所以，修行就是從心念入手，從隨波逐流到逆流而上，從不由自主到當家作主。

周：我一直困惑的問題是，我只能支配現在的心行，可是前世心行造成的結果也要讓我來承擔，這有點不公平。怎麼看這個問題？

濟：對於前世造作的不善行，我們根本就不知道，爲什麼要承擔由此帶來的苦果呢？關於這個問題，我們可以從今生的一些情況來比照。比如年紀小的時候，因爲無知造作了很多不善業，我根本就是出於無知，憑什麼要承擔？或者說十年、二十年前，那時身不由己地做了很多壞事，這些後果我都不想承擔，是不是可以呢？其實是不可以的。你做過的事，有時不是說

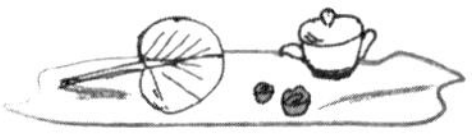

願不願意承擔後果，而是不得不承擔，因爲這是你做的事。

周：好像應該劃一條界線，就是我做爲個體，這輩子我做的事情，和以前一世又一世的輪迴中，那些我完全不知道的存在，應該劃一條界線。承擔這一世做的事，我是信服的，但以前那些我完全不知道的東西，怎麼能承擔呢？我覺得你用輪迴來說明人的根器差別，這個解釋特別有說服力，但用在道德責任上，就感覺難以接受，我爲什麼要爲前世不是我做的事負責呢？

濟：我們可能不願意去承擔那些道德責任，但很樂意去享受自己有一個良好的天賦和境遇。

周：如果天賦不良好，我也只能承受。但是，道德上的善惡判斷，我認爲應該有別的解釋。

濟：從佛教的因果觀來說，「因有善惡，果唯無記」。道德上的善惡，是對造作這個行爲的判斷，果報本身並沒有道德屬性。通常所說的「善有善報，惡有惡報」，更準確地表達，應該是「善有樂報，惡有苦報」。爲什麼要爲前世的事負責呢？生命就像河流，一路流過，你無法拒絕上游帶來的各種東西，因爲這條河就是你整個的生命系統，它是分不開的，除非你超越輪迴。人不是憑空掉下來的，不是今生這麼短暫的一個片斷。基督教是以上帝創造來解釋一切，其實這沒有說服力。上帝愛世人，可爲什麼他造的人那麼不一樣，這個上帝實在太偏心了。

周：靈魂在天國是一樣的，善惡是來到人間之後的事，所以不影響追究。

濟：有些人生來就在一個犯罪家庭，從小根本沒有受過道德教育，在那樣的環境下，很容易造下各種惡業，甚至走上犯罪道路，最後又被上帝打入地獄。你說這是不是太不公平了？因爲他生在這個環境，各種因素的匯聚，就把他推向這條道路。有時候，幾乎是別無選擇的。

周：我覺得這個特別有說服力。哪怕在這一世，他成爲一個壞人，犯下各種罪業，也是有各種客觀原因決定的，並不是他自己的選擇，但我們並不因此認爲，他是沒有責任的。如果把這樣一種解釋推廣開來，推廣到以前各世，佛教的說法就能成立了。

濟：人對生命總是有一種好奇，想去探個究竟，去尋找它的源頭：我到底從哪裡來，最後到哪裡去？如果把前後都切斷了，你會覺得，在這個世界上眞是找不到價值，找不到意義，找不到依託，會活得更痛苦。

周：這樣一種解釋，和現在用基因解釋人的一些特徵的遺傳性，兩者有什麼區別？

濟：佛法認爲，生命有兩套系統，一是身體的系統，一是精神的系統。身體系統主要來自父母對我們的影響，包括體質、相貌等，所謂「身體髮膚受之父母」。但爲什麼這些人會彼此成爲父子母女？也來自業力的牽引，其中有共業也有別業。所以，有些子女和父母長得很像，也有些差異較大。之所以會這樣，就取決於業力招感的色法中，是共業顯現得更多，還是別業顯現得更多。至於精神系統方面，一個人的天賦和性格往往和父母相差很大，這是因爲精神系統是來自生命自身的積累和延續，和父母沒有太多關係。

周：基督教也認爲，靈魂另有來源，不是父母所生。強調精神系統對於身體的獨立性，是宗教以及許多哲學家的共同觀點。

濟：佛教重視生命蘊含的潛質，這點非常重要，它意味著生命具有無限的可能性。如果不具備相應潛質，就無法單靠自身努力來成就。因爲在有限行爲上產生的可能也是有限的，再多的有限還是有限，唯有立足於無限的潛能，才能實現生命無限的價值和意義。所以，不談生命的潛能，只是後天你賦予它什麼，它就會是什麼，從現實層面或有限價值來說是成立的，但

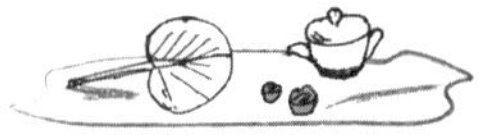

從生命無限的意義和價值來說，是建立不起來的。

種子和現行

周：我發現，佛教在談論自由與命運的關係時，輪迴理論是不可缺少的。

濟：輪迴說只是對生命現象的一種解讀。佛教立足印度這樣一個文化背景下，它所解決的問題，和印度其他宗教是一樣的。不同只是在於，如何對輪迴做出正確解讀，以及解脫方法的差異。

周：古希臘哲學中也有輪迴說，比如畢達哥拉斯，而希臘的這個觀念又是來自埃及。我不知道埃及和印度哪個更早一點，或者互相之間有沒有影響。

濟：在佛教中，輪迴屬於常識性的話題。每個生命都經歷過，而且生生世世都在經歷，只是我們會有隔陰之迷，在投生過程中遺忘了。不過還是有人可以回憶起前生，記得自己從哪裡投生過來，前世又經歷些什麼。這些都證明，生命是相續不斷的，只是會以不同形式轉化。

周：有一本《前世今生》是現在的美國人寫的，全是美國、歐洲的例子。看來這是一個普遍現象，不過對於沒有這種經歷的我們來說，還是覺得難以想像。

濟：如果沒有輪迴，生命就成了孤零零的一個片斷。我們不妨想想，在這茫茫宇宙裡，一個叫作「我」的生命出現，然後消失——沒有之前，也沒有之後，實在是莫名奇妙的事。難怪不少哲學家和藝術家要走上絕路，因爲這樣的人生是看不到意義，看不到希望的。整個印度的宗教哲學，關注的就是輪迴和解脫，這是它有別於世界其他文明的重要特徵。

周：「我」只是宇宙裡一個孤立的片斷，這的確荒謬、無意義。西方哲學和宗教的解決方法是給宇宙設定一個精神本質，柏拉圖叫理念，基督教叫上帝，是靈魂的來源和歸宿。

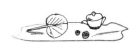

濟：現代人接受了唯物論教育，很難對輪迴說產生共鳴。但如果不相信輪迴，就無法對幾個問題做出解釋。

周：哪幾個問題？

濟：第一是天賦的問題。爲什麼那些神童生來天資聰穎，異於常人？從輪迴的角度來說，是因爲每個人的生命積累都不一樣，所以今生的起點大相徑庭。

第二是緣分的問題。爲什麼有些人你初見就特別有緣，甚至一見鍾情；也有些人你看到就內心牴觸，甚至橫眉冷對？這和我們往昔的緣分有關。佛法認爲，眾生在輪迴中來來去去，生生死死。每一期生命，其實就像換了一個場地，雖然場地換了，但以往留下的種子還在繼續，使我們對某些人莫名地喜歡，對某些人莫名地反感。

第三是命運的問題。在這個世間，即使付出同樣的努力，結果卻往往是不同的。有些人總會有貴人相助，有善緣成就；但有些人總是歷盡坎坷，處處有違緣阻礙。爲什麼？也是因爲往昔培植的福報不同。就像同樣的種子，在不同的田地中，收穫是截然不同的。

周：這三個理由非常好，也是讓我相信輪迴的理由。但這畢竟仍是一個假說，儘管是一個好的假說。

濟：至少不可以武斷地加以否定，不能證眞的事情，直接否定本身就不客觀。

周：對於輪迴，唯識學用阿賴耶識來解釋，理論上比較完備。

濟：阿賴耶識主要有兩個作用，一是做爲貫穿輪迴的載體。前六識都是有間斷的，包括第六意識，在深睡、暈厥或無想定的狀態，意識都不產生作用，但我們並沒有死掉，還會有體溫，心臟也在跳動。從唯識的角度來說，就是因爲阿賴耶識在執持我們的身體。

二是做爲儲藏種子的倉庫。阿賴耶識就像一個無所不包的巨型庫房，收藏了我們無始以來的生命經驗。換言之，我們所有的言行，乃至起心動念，都會在內心留下紀錄，唯識宗稱之爲種子。一旦具備相應的外緣，種子就會產生活動，即「種子生現行」。而在產生活動的同時，又會在內心留下紀錄，即「現行熏種子」。每一種心理力量都是在不斷的重複中成長。當然，這種重複不是機械的，而是會介入意識，是一種多元、複合的作用，所以這種力量會越來越豐富。哪種力量被重複的次數越多，在內心形成的力量就越強大。

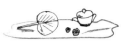

周：在一世又一世的輪迴中，這些種子在發生變化。每個人來到這個世界的時候，都已經帶著種子來，只是不知道自己帶了怎樣的種子。

濟：既然是倉庫，爲什麼有些我們經歷過的事會想不起來呢？這就像缺乏管理的倉庫，雖然放了東西，一時也可能會找不到。在這些資料中，還伴隨相應的心理力量。我們每想到一個人或一件事，不只是單純的影像而已，在這些影像背後，都伴隨著某種心理力量。所以說，阿賴耶識爲所有的意識活動提供了心理基礎。但阿賴耶識本身是屬於潛意識的範疇，其特點爲不可知，即無法用意識直接認識。

周：很玄妙。從基督教來說，生命延續是以靈魂爲載體，而靈魂是實體，人死了以後，靈魂會升入天堂或墮入地獄，這個載體比較好理解。阿賴耶識是一個心識，不是實體，怎麼能一世一世地延續呢？

濟：唯識對阿賴耶識的描述，是「相似相續，不常不斷」。它所儲藏的業力，在不斷推動生命相續，從不間斷，又非一成不變。佛法以緣起看世界，認爲沒有什麼可以不依賴條件而獨立存在，所謂「未曾有一法，不從因緣生」。換言之，一切都是因緣的假相。任何一個東西，離開組成它的條件，根本找不到恆常不變的自體。

周：阿賴耶識也是從因緣生的？

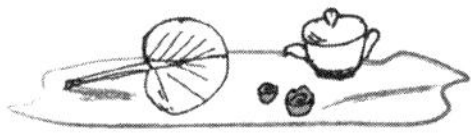

濟：是的，任何事物都是各種條件的組合，我們的生命體同樣如此——佛教稱之爲五蘊，即色、受、想、行、識五種。其中，色屬於物質的部分，受想行識屬於心理的部分。五蘊中的每一項，又是由各種條件組成。比如識，有眼、耳、鼻、舌、身、意六識和第七末那識、第八阿賴耶識。阿賴耶識需要的條件最少，所以它始終存在。而眼識需要九種條件才能形成，耳識需要八種條件才能形成，等等。需要的條件越多，識的活動機會就越少，反之亦然。

周：爲什麼阿賴耶識需要的條件最少呢？

濟：阿賴耶識需要的條件，包括它所緣的境、種子，還有和它相互依賴的第七末那識，這些條件始終存在，所以第八識是永久的延續。唯識有一個不同於哲學的重要特點是轉依。唯識認爲，阿賴耶識有雜染的部分，也有清淨的部分，如果開發染汙的部分，就會形成凡夫的生命；如果開發內在的清淨種子，就會成就佛菩薩的品質。

周：種子有雜染和清淨之別。從「種子生現行」說，每個人這一生的起點是確定的。從「現行熏種子」說，人在這一生又是可以有所作爲的，能夠開發清淨種子，消除雜染種子。

濟：輪迴雖然是一種生命現象，但任何一種現象的根源都在於我們內心。所以，我時常會從當下的人生現象來解讀輪迴。每個生命都有不同的渴求和執著。有的人經商，每天就想著怎樣把事業經營得更大，這就屬於渴求。在渴求過程中，又會對這份事業產生執著，並在執著過程中導致更多的渴求。最後，他就在這種對事業的渴求和執著中不斷輪迴，形成他的人生軌道。事實上，不同的人都在各自的領域輪迴，進而在內心形成相應的心理力量。所以，現世的修行很重要。

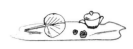

內在自由和外在自由

周：關於自由，西方哲學區分兩個概念，一個叫內在自由，一個叫外在自由。外在自由主要指政治自由，像英國的洛克、亞當・斯密、約翰・穆勒等自由主義哲學家，所討論的是一個社會怎樣才能保護好每個人的自由，怎樣建立一種秩序，使每個人都可以追求自己的合理利益，同時不允許侵犯他人的利益，這是政治自由的概念。此外，馬克思還強調一個外在自由的概念，叫自由時間，強調人和動物最大的區別在於，人的活動是自由的，人不只是爲了生存而活動，還有高級的能力，做爲眞正意義上的人的活動，發展這種高級能力本身就是目的，不應該讓它爲低級的物質性生存服務。爲了做到這一點，就必須變革所有制，以保證每個人只用少量的時間從事謀生所需要的活動，而擁有大量的自由時間來發展自己的能力。我想知道，佛教是如何看待自由的？

濟：佛教認爲，如果沒有解決認識的困惑和心靈的煩惱，一切生命都是不可能眞正自由的。很多人追求社會環境的自由、物質條件的自由，覺得自由就意味著爲所欲爲，或想幹什麼就能幹什麼。事實上，我們擁有得越多，所受的限制也越多。我們往往在追求自由的同時，製造著束縛，製造著不自由。

周：我覺得不能否認改造社會環境的重要性，當然，佛教的關注點不在這裡。除了外在自由，還有一個內在自由的概念。如果我們把人的精神能力分成智、情、意三個方面，內在自由相應地也可以分爲三個方面。第一，從智來說，是理性自由，就是獨立思考能力。強調理性自由，是西方哲學的傳統，從亞里斯多德開始就是這樣。第二，從情來說，是情感自由，基本上是一種審美境界，我們的莊子是一個代表。第三，從意來說，是意志自由，就是精神上的追求，道德上的自律。儒家、基督教都強調這個方面，

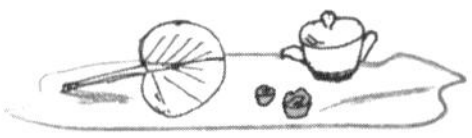

好像佛教也是這樣。

濟：動物通常是活在感覺和經驗中，而人有理性，當他以開放的心態面對這個世界時，就可以跳出原有的感覺和經驗。從這個意義上說，選擇空間會更多。但我們現在說的理性也好，情感和意志也好，是不是就能抵達自由呢？可能是另一個問題了。人面對情感能自由嗎？很多時候，我們是身不由己的，所以才會有「借酒消愁愁更愁」的無奈，有「不應有恨，何事偏向別時圓」的感慨。即使在我們覺得自己可以把握的時候，也往往在不知不覺中，陷入「被控」和「被選擇」的陷阱。

周：人陷在一己的情感裡，當然是不自由的，原因在於利害的計較。如果擺脫了利害的計較，就能夠通過情感體驗領悟宇宙的眞理，進入自由的境界。其實蘇東坡就是這樣的。

濟：至於理性，在很大程度上與教育有關。我們處在不同的社會，接受不同的文化，就會建立相應的理性。但社會和文化可能會傳遞錯誤的價值觀，這就使理性出現偏差，甚至把人導向毀滅。反之，如果我們接受智慧的文化，就能建立健康的理性，這是修行必不可少的基礎。當然從究竟意義上說，理性是無法直接抵達眞理的。

周：在德語裡，表達理性這個概念的有兩個不同的詞，一個是 Verstand，指邏輯思惟的能力；另一個是 Vernunft，指直接把握世界本質的能力。我們有時把前者翻譯成「知性」，以與後者相區別。Vernunft 實際上是一種偉大的直覺，超越了概念思惟，能夠直接感悟事物的整體。

濟：這個認識和佛法有一點接近。佛法認爲，眞理必須靠證悟，而不是靠思惟獲得。當然，證悟也離不開思惟。佛法強調聞思修，就是透過聽聞正法、如理思惟來建立正見，然後依此觀察世界，調整心行。當內心塵垢越來越薄之後，才有可能破迷開悟，斷惑證眞。

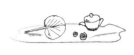

周：我的印象是，在自由的問題上，佛教關注的歸根到底是內在自由，而這個內在自由超越了智、情、意的心理層面，是一種覺悟生命眞相以後達到的狀態。

濟：自由，佛教中的概念是自在。在很多寺院，都能看到「得大自在」的匾額，既體現對這一境界的景仰，也昭示佛弟子的努力目標。而在經論中，「自在」一詞更是頻頻出現，僅《大正藏》就有近六萬個，從方方面面對此進行了演繹。那麼，究竟什麼是自在？核心不外乎兩點，一是沒有困惑，即認識的自在；二是沒有煩惱，即心靈的自在。可以說，一切自由都是建立在這兩種自在的基礎上。

另外，《華嚴經》講到十種自在：一命自在，可以自由選擇住世時間。二心自在，心靈沒有掛礙。三財自在，具有自由支配的財富和生活條件。四業自在，能自由地做利他事業。五生自在，可以自在選擇投生。六

願自在，所有的願望都能實現。七信解自在，有能力認識眞理和智慧。八如意自在，具有超常的神通能力，可以自在運用。九智自在，智慧無礙。十法自在，能自在說法。十種自在包含了內在自由和外在自由。佛教認爲境由心造，有了內在的自由，才能眞正實現生命的外在自由。因此，佛教更看重內在的自由。

6
生死與輪迴

哲學就是預習死亡。

——蘇格拉底

眾生於無始生死，無明所蓋，愛結所繫，

長夜輪迴生死，不知苦際。

——《雜阿含經》

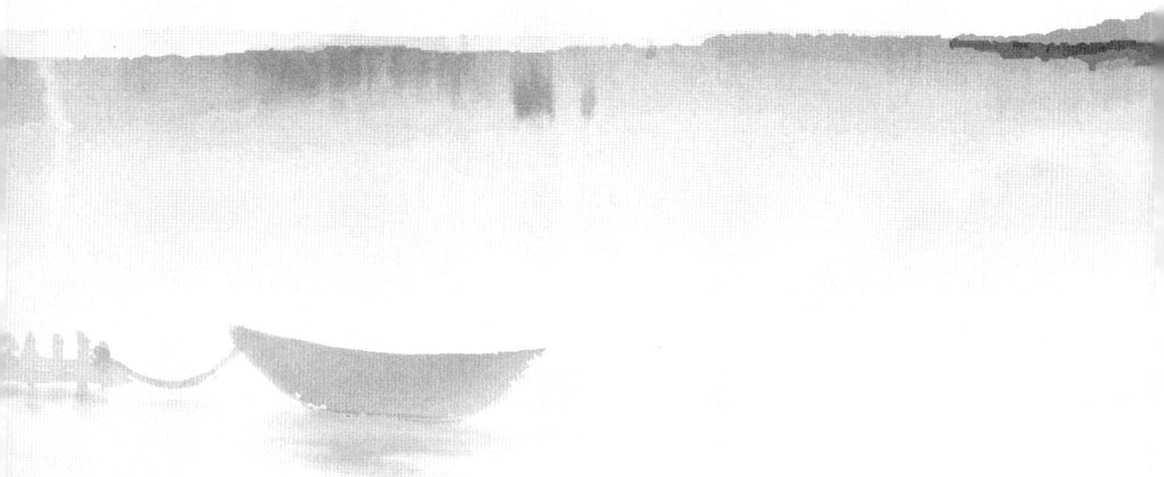

直面生死的困惑

周：人生的問題分爲兩個層面。一是現實的煩惱，比如生存的壓力、利益的得失、愛怨的困擾等等。二是永恆的困惑，就是生死之惑，對生命終極意義的追問。其實，社會性的得失是比較容易看破的，最難看破的是生死。有的人始終陷在現實的煩惱之中，好像完全不存在永恆的困惑，我覺得這種人慧根太差，比較不可救藥。尼采說過：面對有根本缺陷的人生竟然不發問，這是可恥的。人有根本性的困惑，這是有靈性的表現。困惑是覺悟的起點，沒有困惑的人絕對不可能覺悟。

濟：禪宗說，「小疑小悟，大疑大悟，不疑不悟」。可見，產生問題是解決問題的基礎。有問題的人，你要爲他解決問題。至於沒問題的人，你要給他製造問題，讓他意識到人生有這樣一些重大問題，需要找到答案。因爲這不只是形而上的玄談，而是關係到每個人的切身利益。如果渾渾噩噩地活著，眞是虛度此生。

周： 生命的永恆困惑是根，其他都是枝葉。

濟： 是體和用。永恆的困惑沒解決，就會不斷製造現實問題。如果僅僅解決現實問題而不涉及永恆的問題，內心是不會踏實的。除非他吃飽喝足就沒問題了，但那是動物式的活法，做爲有一定思想的人，必然會碰到永恆問題。從佛法來說，包括認識和實踐兩部分：從認識上怎麼看待這個問題，從修行上怎麼解決這個問題。

周： 早期的西方哲學很重視這個問題，比如蘇格拉底說，哲學就是預習死亡。斯多葛派哲學家討論的一個重大主題也是生死問題，在他們看來，哲學的使命就是幫助你以平靜的心態面對死亡。

濟： 如果按唯物論的觀點，不論活十歲還是一百歲，也不論你做了什麼，今天多麼風光，死了就都沒了，這樣的生命的確沒有意義。不僅生命沒有意

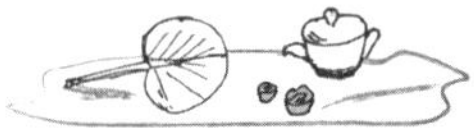

義，人類沒有意義，宇宙也沒有意義。宇宙的意義是人賦予它的，因爲有人宇宙才有意義。如果說生命和宇宙都沒有意義，那簡直莫名其妙，到底在幹什麼？

周：這是無法接受的，但可能就是事實。即使這是事實，我們仍不能接受，一定要把它推翻掉，於是人類就有了宗教，有了哲學，宗教和哲學就是爲了推翻它而產生的。

濟：宗教和哲學本身代表了人類的經驗，不是幻想。雖然哲學有想像的成分，是透過思惟產生觀點和思想，但宗教是有體驗的，是來自實證。

周：人類必須有、因此也就一定會有哲學和宗教。

濟：有段時間，我對介紹宇宙和太空的東西很感興趣。科學家講到，大概過一、二百億年，宇宙大爆炸後的所有能量會用完，天地會變得一片死寂，什麼都沒了。

周：如果結果是這樣的話，就是沒有意義，和現在就發生也沒有什麼分別，時間長短不是問題。所以這個東西一定要推翻，宗教、哲學必定會產生，因爲人不能忍受無意義。宇宙必須有意義，如果人類只有科學，再發達有什麼意思？宇宙間爲什麼會有人類出現？就是因爲宇宙要證明自己是有意義的。

濟：對芸芸眾生來說，沒有意義一樣可以活得歡天喜地，不需要探討什麼特別的意義。必須有意義才能活著的人，只是少部分的思考者，如哲學家、藝術家、修行人等，對他們來說，沒有意義的人生是不可想像的。

周：多數人其實也會有感到恐慌的瞬間，因爲想到沒有意義而恐慌，但很多人都在逃避，感到無奈，覺得想也沒有用。我相信每一個有理性的人，總會有想到這個問題的時候。我遇到很多這樣的情況，平時看起來就是芸芸眾生，但和他深入交談，發現他心中有這個恐慌。

濟：但是不敢去面對，就會本能地迴避。

周：最後能找到意義並且讓自己眞正相信這個意義的人，我覺得是幸運的，不管透過什麼途徑找到都是好的。在這一點上，所有宗教和精神性的哲學是相通的，都是爲了解決同一個問題，只是路徑有所不同。

濟：中國古代三不朽的人生，立德、立功、立言，也是一種解決方式，但做爲比較唯物的思想，還是解決得不透徹，這種意義的說服力沒有達到百分之百。

周：我覺得還是比較功利性的東西，不論是立功還是立言、立德，無非是說你的功業、文字、品德會流傳下去，後人會敬仰你，你的名聲可以萬古長存。眞正的不朽不是名聲的問題，不是能不能流芳百世的問題。

濟：古人對宇宙沒有太多瞭解，會覺得世界是永恆的，但在今天來看，地球乃至宇宙都是非常脆弱而渺小的。世間的一切，無論建立多少功業，或者名聲流傳多久，其實都是微不足道的。所以，佛教是從生命內在去尋找它的意義，每個生命都具有覺悟潛質，一旦開發這種潛質，對個體來說，可以解決自己的煩惱困惑；對眾生來說，可以盡未來際地幫助一切有情。這才是生命眞正的意義所在。

自得其樂的人需要被喚醒嗎？

周：很多人可以在自己的視野內自得其樂，比如從事藝術的，做研究的，都有讓自己全身心投入的樂趣。普通老百姓，能夠平安過日子、結婚生孩子，就樂滋滋的，不必想太多。只有困惑比較多的人，才需要深入到哲學、宗教裡去尋找答案。

濟：一個人要否定什麼沒價值很容易，但要找到什麼有價值就比較難。如果否定了現實的價值，又找不到更有價值的，就比較悲慘了。現實的一切，藝

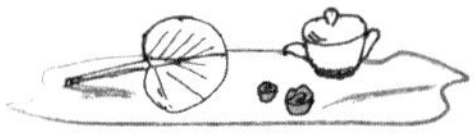

術創作也好，科學研究也好，榮華富貴也好，自己把這些東西看得很眞實，很有價値，也能做爲暫時的依靠。

周：這些自得其樂的人需要被喚醒嗎？他們本來很開心，遭遇生老病死，也都能找到自己的一套理由來接受，佛教卻要替他們把繁華的表像撕開，有必要嗎？

濟：眞正能夠從容面對並自得其樂的人，其實並不多。多半只是在順利時、一切相對穩定時才能自得其樂，一旦遭遇什麼挫折，可能受到的打擊更大，感受到的痛苦更強烈。還有不少人自得其樂到了一定年齡，就發現自己糊弄不了自己了，還是會恐懼死亡，會關心終極問題，會覺得前方有個看不見的黑洞在等著自己，四顧茫然。

周：佛教追求的解脫，不也是想達到自得其樂的狀態嗎？

濟：阿Q式的自得其樂和徹底解決問題後的自在喜悅是兩回事。

周：身在其中的人，怎麼知道兩者之間的分別呢？如何證明什麼時候是傻樂，什麼時候是解脫之樂？

濟：每個人在成長過程中，會不斷回望自己過去的時光。當你原地踏步的時候，會覺得一切都很好，自己很聰明。但當你取得進步之後，再回頭看，才能發現自己曾經的局限。

周：有的人認爲，普通民眾不需要太多思想，給他一些簡單的做人道理，一些心靈的慰藉就可以了。

濟：每個人的信仰層次不同，對普通民眾來說，希望健康、平安、發財，這個願望是合理的。但如果停留在這裡，只能說明信仰層次不高，不能說他不對，這些人也需要不斷地啓發和引導。

周：佛教有福報一說，往往給民眾以誤導，好像信佛就可以得到實際好處。

濟：的確會有現實利益。有人學佛後心態好了，慈悲心增加了，就會產生福報，讓事情變得順利。同時，他對員工也有愛心，大家就更團結、更敬業了，這也會促成業績的增長。所以，有現實利益也是正常的，是因爲自己改變帶來的，可以說得通。

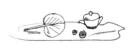

周：這個層次就比較低。

濟：所以還是要直面困惑。生命存在永恆的困惑，如果找不到答案，就不能看清人生眞相，唯有擺脫這些困惑，才能成就智慧，獲得認識的自在。另一方面，這些困惑又會製造煩惱，讓生命不得安寧，這就需要透過戒定慧的修行，斷除煩惱，獲得心靈的自在。

周：人還是有類型的區分的，有的人宗教性特別強，有的人科學性特別強，這也許是天生的。科學性特別強的人，對於超驗的問題眞的沒有興趣，只關心可以用經驗求證的問題。我覺得，每個人都沒有必要爲難自己，把自己改變成另一種類型的人，這也不可能。你只需要把自己的類型做到最好，並且對其他類型的人能夠理解或寬容就可以了。

濟：宗教解決的是人類永恆的問題，不論你是否有信仰，問題都在那裡。如果意識不到，只是被你忽略或擱置了。對於這類問題，不同的學科或宗教會從不同角度做出解釋。每個人有自己的視野和教育背景，也有自己的局限，對解決程度的期待不同，所以答案也不一樣。正因爲這樣，才會造成不同文化的差別，造成世界的多樣性。

周：有兩個層面。一個層面是這類問題存在不存在，有沒有必要去想？這個已經有分歧了，極端科學性的人就認爲這類所謂終極問題是假問題，沒必要去想。另一個層面是承認這類問題存在而且應該去想，但想的角度不同。人類的思想體系無非是這樣劃分的，分爲科學和人文，人文又分爲宗教、哲學、藝術。

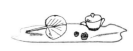

生命是大海，今生是浪花

周：我曾經聽到一位高僧說，佛教的根本目的就是「了生死」。從佛陀當年出家的動機，到生死問題在後來佛教中的位置，能否做這樣的歸納？

濟：在佛教中，「了生死」確實是一個比較突出的問題，但不是全部。佛法的核心目標，是從迷惑走向覺醒，一方面要解決各種負面心理，一方面要開發生命中無限的潛能，即佛菩薩那樣的大智慧和大慈悲，而不僅僅是「了生死」，這只是建立於生命覺醒的一種能力。

周：但是很重要？

濟：它是一個現實問題，是佛陀當年出家修行的契機之一，也是我們每個人必須面對和解決的。

周：佛教認爲生死乃唯心所起，沒有我執就沒有生死的迷惑，我覺得是擊中了生死問題的要害。但是，恐懼死亡是生命的本能，如何解除這種恐懼？道理多麼明白，恐懼死亡的本能仍在，光靠道理是解除不了的。所以，是不是因爲這個緣故，才需要有各種各樣的修練，需要戒、定這些輔助手段？

濟：首先是如何認識生死。當然，認識本身有不同層次。之所以明白道理後，恐懼的本能還在，那是因爲僅僅明白了概念，並沒有得到實證，沒有從內心確認這個道理。通常，概念也能解決一部分問題，但面臨強大的對境時，概念就抵擋不住了。至於平常的人，尤其是現代人，普遍缺乏對生死的認識，因爲看不清，就一味逃避這個問題。唯物論認爲人死如燈滅，聽起來似乎無所畏懼，但是不是眞的無所謂？其實也未必，更像是一種「無知者無畏」式的任性：管他呢，反正現在沒死！

周：唯物論才讓人絕望呢。

濟：所以在根本上，人還是對死亡充滿恐懼。這種恐懼來自兩方面，一方面是對生的貪著和依戀，一方面是不知道死後去向何方的恐慌。想著現在活得

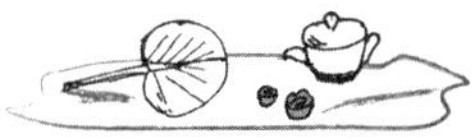

好好的，要這樣要那個，忙來忙去，一口氣不來，擁有的一切都與己無關，而且不知道接下來即將面對什麼，的確會讓人不知所措。

周：對，一是不能割捨生時的快樂，二是不能接受死後的虛無。

濟：但輪迴說會讓我們認識到生命的完整性，不僅看到現在，還知道生命有過去，有未來。把生命比作大海的話，人的一生就像大海中的一朵浪花，如果立足於浪花，你會覺得人生非常渺小，轉瞬即逝；如果立足於大海，我們對生死現象就會更從容。因爲死亡並不是結束，它會以另一種方式繼續，浪花是不斷生滅的，大海卻不增不減，如如不動。

周：問題在於，做爲一朵浪花，這個大海對於我們來說完全是不可知的。

濟：修行就是讓我們認識這個大海。不僅是知道大海這個概念，而且要透過實修，體認生命大海的存在。從另一方面來說，我們知道了浪花和大海的關係，但浪花歸於大海時會怎樣？生命又會以怎樣的浪花出現？我們有沒有把握？還是取決於修行。所以，我們既要瞭解生命的規律，還要知道怎樣改造生命，將自己導向更有價值的未來。修行有兩個層面，從普通層面來說，是透過信仰建立一份依賴，並遵守相應的戒律和修行，從而看清塵世的虛幻短暫，對未來去向充滿信心，知道那將帶來更好的處境和更究竟的快樂。有了這樣的信念，走的時候就能坦然面對，加上佛教有臨終關懷，包括心理引導、助念等項目，幫助臨終者安詳離去，告別今世。相比之下，那些充滿恐懼，在搶救、掙扎中毫無尊嚴地死去的人，實在是太可憐了。

周：看清塵世的虛幻短暫是容易的，但是怎樣才能對未來的去向充滿信心，相信那是更好的處境呢？

濟：這是需要有眞修實證的。如果僅僅靠猜測，是推理出來的，那確實會有疑惑，不知道實際結果會怎樣；但如果你確實看到、體會到，就不會有疑惑

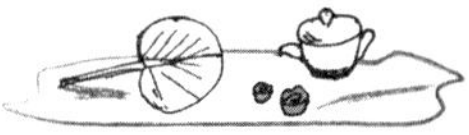

了。很多修行者在明心見性後，體認到生命內在的覺性，對生死不再有任何疑惑和恐懼，從而來去自如，坐脫立亡，生死自在。這樣的人對於自己未來的去向自然充滿著信心。

周：這樣的人很少吧？

濟：不少禪宗大德都能如此，《五燈會元》就有大量記載。其實不一定非是高僧大德，有些看似普通的老人家，深信淨土，願力眞切，加上念佛得力，也能預知時至，自在而去。

周：能夠預知死時，從容離去，這很不尋常。不過，我覺得最難的還是能夠洞察死後的歸宿。

濟：對生死的恐懼，很大程度上的確來自對明天的未知，不知道歸宿在哪裡。其實，未來就取決於今天的行爲和生活方式，把握當下，就是把握未來。如果你對自己的每個行爲都有把握，就不必擔心未來的歸宿。古今中外，很多高僧大德生死自在，就是因爲他們明瞭生命的相續，還有強大的願力和定力，才能在生死關頭作得了主。當然，這個過程的確需要修行，不是隨便想想就行的。

周：在生死問題上，佛教好像有兩個思路。一是看清生本身是假象，生死迷惑源於我執，破除對生命的執著就不會有生死迷惑。二是看破生死界限，生命是永恆的海洋，死並不存在。我想知道，這兩種思路，哪個是佛教更爲主張的？

濟：生命的延續就是緣起。緣起有自身規律，那就是無常，就是有生有滅，這是它的眞相。你先要看清楚，然後還要透過修行來體證。釋迦牟尼佛當年就是因爲看到生老病死，想到青春、健康、美貌、榮華富貴的背後，就是衰老、疾病和死亡的隱患，而從衰老、疾病和死亡的結果，再來審視青春、健康、美貌和榮華富貴，會覺得這一切短暫而虛幻。你會發現，自己擁有的一切都在死神的控制下。如果我們追求的價值在這裡，這個價值其實還是沒有價值，哪怕爲之忙碌一生，最後還是什麼都抓不住。所以佛陀想到，不應該用人生來追求如此虛幻的東西，應該追求更爲永久的、不死的東西。

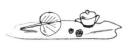

周：也就是說，第一個思路是生命無常，由這個思路開啓第二個思路，即追求不死。

濟：這個「不死」是不是長生不老呢？佛陀最後也入般涅槃了，是不是他的修行沒有圓滿呢？其實不然。因爲他已經體證到空性，體證到不生不滅的層面。對他來說，生死只是換個場景而已，就像你體會到大海的博大時，就不會在意浪花的生滅了。

周：浪花和大海的比喻很好，給人以踏實的感覺，但這會不會只是一個比喻呢？語言是會迷惑人的。

濟：當你沒有融入大海時，就會執著於每一朵浪花，因爲這對你來說就是一切。而在浪花的境界，大海的確是無法想像的，只能做爲一個比喻。從浪花看到大海，需要的是智慧和修行，再多的想像也是無能爲力的。

周：看來最後的關鍵是證悟大海，融入大海。

無常是無庸置疑的

周：世間一切皆變，唯有無常是不變的。人多麼有力量，就是改變不了無常。無常是世間唯一永久不變的眞實相，所以《佛遺教經》說：想要改變無常是無理的要求。這很對。可是，面對無常，人不能不感到恐慌，覺得沒有一塊穩固的地盤可以讓你站立。

濟：無常爲什麼會成爲痛苦？其實是因爲人有一種永恆的期待。如果沒有這種期待，無常不過是一種現象而已。就像春去秋來，雲卷雲舒，花開花落，

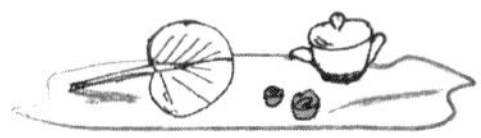

只要接受這種變化，就不會因此傷懷，還能欣賞到不同的美。

周：人有永恆的期待難道不對嗎？不該有嗎？

濟：關鍵在於這種期待違背了自然規律。如果這種期待不但是我們臆想的，還會給我們製造痛苦，它對不對呢？該不該有呢？

周：死是不可避免之事，爲不可避免之事而苦惱是愚癡，這個道理人人懂。可是，道理是一回事，情感是另一回事。從情感上說，人就是不能接受無常，就是想要尋找某種不變的東西，某種永恆的價值。

濟：期待永恆只是人的一廂情願罷了。

周：這樣說當然也對。但是，人類自古以來就在追求永恆，古希臘哲學是這樣，道家是這樣，各民族早期宗教也是這樣。

濟：關鍵在於，這個永恆建立在什麼基礎上。如果在變化的世間追求永恆，那是自找麻煩。那有沒有永恆呢？在變化的現象背後，還有空性的層面，包括佛法所說的涅槃，都是永恆的。這種永恆是超越能所、超越二元對立的，無法透過思惟來認識或推理，必須以般若智直接體證。佛教之所以反對人們追求和執著所謂的永恆，關鍵在於這種追求和執著的物件是錯誤的，只會給我們製造無盡的痛苦。失戀之苦，是源於對感情的執著；破產之痛，是源於對財富的執著。我們想一想，世間所有的痛苦，哪一樣不是如此呢？

周：那是凡夫，我覺得我要追求的永恆不是這樣的。世間生活總是在變，如果因此世間生活就沒有價值，生命的意義到底在哪裡？當然，你說認清了這一切都是現象，然後心就寧靜了，不受它的干擾了，也會讓人感到一種快樂。

濟：雖然佛法認爲世間生活就像水月空花，只有暫時的意義，甚至沒有意義。但同時，我們也可以透過對這些現象的如理觀察，瞭解生命的無常和痛苦，幫助我們產生智慧。所以佛教也不會否定這一切，因爲這就是輪迴的現狀、生命的現狀，關鍵是我們怎麼看待，怎麼運用它來提升你的生命。

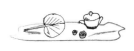

周：這還是中道。如果看透了一切都是生命流轉中的暫時現象，因此而沒有什麼價值，如果總是這樣一種眼光的話，就只有出家一條路了。如果還要在紅塵中生活的話，抱著這樣一種心態，就很難再品嘗普通的人間幸福了。所以怎麼做到既做爲一個普通人來熱愛普通的生活，同時又和它保持距離，時時用佛學的眼光來看一看，不要陷得太深，這個維度很難掌握。

濟：這正是中國古代文人出儒入佛的關鍵所在。歷史上，不少文人士大夫都入仕爲官，如果他們執著名利的話，不管在春風得意還是懷才不遇的時候，都是件辛苦的事。所以，很多士大夫熱衷於結交方外高僧，更會從《金剛經》、《心經》、《維摩詰經》等佛典中尋找精神養料。這樣的話，在春風得意時可以保持超然，坐看雲起；在遭遇逆境時可以處變不驚，安然接納。

周：在佛教傳入以前是道家起這個作用。中國如果只有儒家的話，這些古代的知識份子就苦死了，或者愁死了。所以，儒家之外，還有道家和佛教，是中國文人的幸運。

濟：對呀。

周：佛教立足於無常，讓人接受無常，順應變易；西方哲學立足於永恆，試圖尋求變易中的不變，無常中的永恆，這是兩者最大的不同。佛教認爲生命

攝影／陳建奇

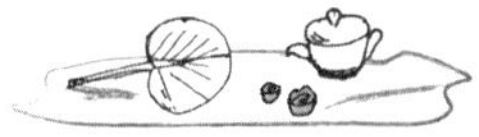

的意義在於內在的覺悟，這個覺悟說到底就是要認識到諸行無常，諸法無我，從而進入寂靜涅槃的境界。如果最後覺悟到的是這個，實際上就是說生命本身是沒有意義的，不必留戀。

濟：現代人對無常的理解偏向消極。其實，無常只是說明一切都在變化，一切都有可能，好的可以變成壞的，壞的也可以變成好的。無常也離不開因緣，你創造什麼樣的條件，最後就有什麼樣的變化，可以變好也可以變壞。給眾生帶來利益，就是生命提升的過程；而給他人造成傷害，則是生命墮落的過程。

周：這樣理解無常當然比較積極，強調了人在變易中的主觀能動性。尼采也提出過一個命題：一切皆虛妄，一切皆允許。意思是說，正因爲事物沒有固有的本質，人就有了創造的自由。不過，這好像離開了佛教所說的無常的本義，因爲變好也罷，變壞也罷，說到底是一回事，都是一個空。

濟：所以，我們不僅要透視現象，還要體證空性智慧，看到整個宇宙是一體的。這樣的話，既能瞭解一切差別，又可以根據需要做種種努力，讓世界變得更好。不是說看透就沒意義了，並不是這樣。

生命在輪迴中流轉

周：從佛教的角度看，生死問題與輪迴說有不解之緣。人死之後，並不是歸於虛無，而是進入了輪迴，這在一定意義上是一個安慰。可是，就算生命透過輪迴仍在繼續，不斷地重新投胎，如果在意識上沒有延續性，我並不認識他們，他們也不再能記得我，那一世又一世的生命和我有什麼關係呢？

濟：說到沒有延續性，那只是因爲我們自己覺得沒有延續性。如果看不到過去和未來，自然就覺得那些和當下這個生命沒有關係。因爲沒關係，似乎就不必爲它負責，有這樣的心態。關於生命的延續，佛法是用「相似相續」

來表達。不論肉體還是心靈，都是相似相續的，像流水一樣，看似一直在那裡，其實內容在不斷變化。在我們成長過程中，生命內涵也時刻在發展變化中。我們來到這個世界，並不是一張白紙，你瞭解也好，不瞭解也好，這種潛在關係是存在的。

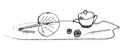

周：還有一個難點是，佛教的最高目的還是要斷輪迴，從生命的流轉中擺脫出來。阿賴耶識是生命流轉或者說輪迴的載體，那麼，斷輪迴以後，阿賴耶識是一個什麼情形？它是否還存在？

濟：唯識不同於哲學的關鍵就是，它的所有理論都在完成一件事，那就是「轉依」——轉變生命的依託。這個依託就是阿賴耶識，而轉變主要表現在兩方面：

一是轉迷爲悟。凡夫爲無明所惑，看不清世界眞相，也看不清生命眞相，所以會不斷製造問題，在阿賴耶識中存儲各種雜染種子，從而構成生命的輪迴。學佛，就是要去除迷惑，建立正確認識，然後透過這種認識去禪修，將生命導向覺悟。這是認識層面的改變。

二是轉染成淨。生命的染與淨，是取決於阿賴耶識中不同種子的力量。所謂種子，就是一種心理力量，雜染的種子會長出低劣的生命果實，清淨的種子會長出圓滿的生命果實。凡夫因爲無明，時時都在產生貪瞋癡等行爲，形成雜染的種子。當它們產生活動時，每一次，都會使原有種子得到增長，唯識稱之爲「種子生現行，現行熏種子」。由此形成的心理力量會逐步積累，主導生命走向，生命就在這樣的輪迴中，不能自已。除此以外，阿賴耶識還蘊藏著清淨的無漏種子，透過聽聞和修學佛法，引發無漏種子，開顯清淨無染的人生。

周：也就是說，斷輪迴並不是要斷絕生命的流轉，而是要讓生命在提升其品質的方向上延續？這樣來解釋，斷輪迴也有了積極的涵義。我覺得，你處處

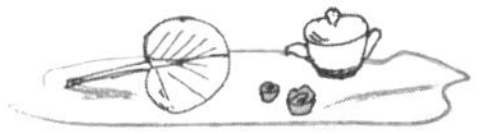

致力於賦予佛教的概念以積極的涵義。

濟：我們過去講涅槃，更多偏向於負面的消除，所以大家往往會認爲，如果斷除輪迴，生命就停止了。其實，修行主要是完成生命的轉依。雜染的生命結束後，接著是清淨的生命相續。所以，佛菩薩可以在悲願驅動下，盡未來際地利益眾生。但那時候就不再是流轉，而是因爲願力做出的主動選擇。

周：你說的是現在世，還是無窮的未來世？

濟：整個修行過程，從行菩薩道，到成就佛果，到盡未來際地利益眾生。

周：是在生命的無窮過程中？

濟：對。

周：如果轉依已經完成，徹底清淨，那時生命仍在流轉？

濟：佛菩薩有無盡的慈悲和願力，所以會生生世世地來到世間，度化眾生，利益眾生。這和凡夫的隨業流轉不同，佛菩薩是乘願再來，祂的主導力量就是無限的智慧，無限的慈悲。

周：斷輪迴應該是從六道中出來了，而佛菩薩的生命仍在延續，還要不斷地來到現世普度眾生，直到把所有眾生的輪迴都斷了？人類都斷了輪迴是否好呢？我無法想像，如果所有的生命都斷了輪迴，宇宙會是一個什麼狀態。

濟：眾生是業力無盡，生死無窮。

周：這就是說，眾生都斷輪迴是不可能的。

活著也可以涅槃

周：在佛教中，修行的最高境界是涅槃，苦的究竟止息，它也是最高的幸福境界嗎？

濟：涅槃有息滅的意思，與之相近的還有寂靜，是平息內在煩惱和躁動後，生命所呈現的高度寧靜的狀態。我們之所以動盪不安，混亂浮躁，就是因爲內心有各種迷惑煩惱此起彼伏。但在這些躁動背後，還有本來清淨的覺性。換言之，我們本身就具有涅槃的潛質，只是這種狀態被遮蔽了。

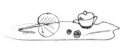

周：涅槃是否有種類之分？

濟：涅槃分有餘依涅槃和無餘依涅槃。所謂有餘依涅槃，即內心已平息所有煩惱，但身體還在繼續。所謂無餘依涅槃，不僅內心躁動平息了，業力形成的身體也結束了。

周：有餘依涅槃是寧靜處世，無餘依涅槃是寧靜離世。

濟：此外還有菩薩的涅槃，即無住涅槃。菩薩雖然積極度化眾生，但內心處在絕對的寂靜中，不受塵世任何干擾，所謂「智不住三有，悲不住涅槃」。因爲有智慧，所以在三界中具有超然物外的能力，出淤泥而不染。因爲有慈悲，所以不會安住於涅槃之樂，就像《華嚴經》所說的那樣：不爲自己求安樂，但願眾生得離苦。

周：人們往往認爲涅槃就等於死亡。

濟：這是誤解。對於一個修行人來說，只要圓滿體認空性，徹底平息煩惱，就是一種涅槃的狀態。活著一樣可以在涅槃的狀態。

周：你說的那些無住涅槃的菩薩，他們不住在我們的人世間吧？

濟：每個發了菩提心的佛子，都可以不斷向佛菩薩靠攏。所謂菩提心，就是建立「我要利益一切眾生」的願望。只要具備這個願望，就可以進入菩薩道的修行。當然，未必能達到無住涅槃的狀態，但可以在修行過程中，不斷增長慈悲和空性慧，不斷成就佛菩薩那樣的功德。

周：各種涅槃的共性是什麼？

濟：本質上都一樣，就是平息內心的迷惑煩惱。

周：側重點不一樣？

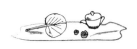

濟：對，自性清淨涅槃每個人都具備，無住涅槃指菩薩，而有餘依涅槃和無餘依涅槃是指阿羅漢。聲聞乘的修行偏向對負面心理的平息，而菩薩乘比較重視正面心理的開展。或者說，人有魔性和佛性兩面，聲聞乘偏向對魔性的否定，而菩薩乘偏向對佛性的肯定和開顯。

周：小乘和大乘之別。聲聞乘是自己解脫，菩薩乘是普度眾生。

濟：所以菩薩乘更圓滿，否定的同時有肯定的層面，而且更主要的是肯定。聲聞乘主要是對負面的否定，對正向的肯定不足，如果單純接觸聲聞教法，確實容易以爲佛法是消極的。

7
生命與苦樂

快樂就是身體的無痛苦和靈魂的無煩惱。

——伊比鳩魯

諸行無常，是生滅法。生滅滅已，寂滅爲樂。

——《大般涅槃經》

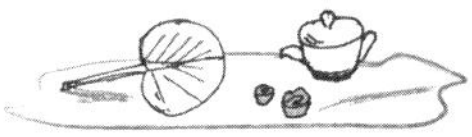

生命是虛幻的嗎？

周：從根本上說，佛教認爲生命是苦，所以才要求解脫，乃至要斷輪迴。這是否一開始就給人生下了一個否定的論斷？

濟：這種說法本身是有針對性的，是針對凡夫而言。佛教認爲，凡夫的生命是以迷惑和煩惱爲基礎，是一台不斷製造痛苦的永動機。就這個意義上說，生命本質是痛苦的。但這不是針對所有生命而言。對已經擺脫迷惑煩惱的聖者而言，生命是在無限的喜悅中。因爲心的本質是空性，它能源源不斷地帶來喜悅。

周：是不是說，生命本身無所謂苦樂，苦樂在於心的品質和狀態？

濟：佛法認爲，心既是痛苦的源泉，也是快樂的源泉。人在什麼時候最容易快樂？就是內心沒有任何羈絆，自由而清淨的時候。所以佛教講人生是苦，主要是指凡夫的生命，指這些以迷惑煩惱爲基礎的生命。一旦解除迷惑和煩惱，成就智慧、慈悲的生命品質，就是清淨、自由而快樂的。

周：我覺得生命是苦好像是一個基本前提，佛法讓人認清這個前提，擺脫對生命的執著，從而使心回歸清淨。

濟：自古以來，佛法一直被稱爲心性之學，雖然有很多宗派，但核心綱領是「苦、集、滅、道」四諦。人們對佛教的認識偏於消極，就和這一命題有關。四諦法門中，首先要認識到人生是苦，其次要尋找痛苦的根源，第三是知道解決痛苦後的生命狀態，最後是掌握解決痛苦的方法。早期的聲聞經典，比較偏向講苦、空、無常、涅槃、斷除輪迴。這些表述缺少正向的肯定，無形中會給人消極的感覺。

周：痛苦的根源，除了迷惑和煩惱，更爲根本的是不是還有生命本身的虛幻性質？

濟：人類五千年文明，目的無非是爲了離苦得樂。爲什麼在今天這個物質文明

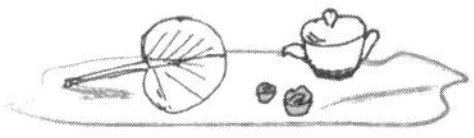

高度發達的社會，我們的痛苦還越來越多？關鍵就在於，沒有找到痛苦的眞正成因。在四諦法門中，蘊含著輪迴和解脫兩重因果，都是先說明果，再尋找原因。苦是輪迴的果，集是苦的成因；滅是解脫的果，道是成就解脫的因。

周：除了聲聞乘，別的宗派對人生是苦有什麼說法？

濟：人生是苦是佛法的基本認知，當然這個命題是有針對性的，那就是世間的凡夫，是以迷惑和煩惱爲基礎的生命。聲聞乘重點是對負面的否定，而菩薩乘在否定的同時，還引導我們去認識和開發正向力量。讓我們在通達智慧的基礎上，建立廣大的悲願，像諸佛菩薩那樣，發願在無盡輪迴中利益眾生。

周：如果生命在本質上是虛幻的，我們對此的覺悟怎麼能成爲正向的力量？

濟：認識眞相，首先必須否定我們對虛幻世界的錯誤認知。但我們要知道，佛法否定的只是錯誤認知，而不是世界本身。因爲虛幻世界的本質就是眞如，一切現象的呈現都是假相，而假相的當下就是實相，是不需要去否定的。關鍵在於我們看不清，因爲我們的認識是在無明基礎上形成的。所以，佛教否定的不是這個世界，而是我們對世界的錯誤認知。當我們擺脫錯覺之後，就能透過虛幻的假相，直接認識世界的實相。也就是說，否定只是手段，而不是目的。

迷惑是苦，覺醒是樂

周：我以前認爲佛教是消極的，這可能是個錯誤認識。其實很難說佛教是消極還是積極，消極是貶義詞，積極是褒義詞，有其價值評判。佛教揭示的是生命的眞相，不應該用消極或積極來論定。我仍然有一個疑問，你剛才說生命的本質是寧靜、快樂、自由，我覺得這應該是看清了生命的本質之後

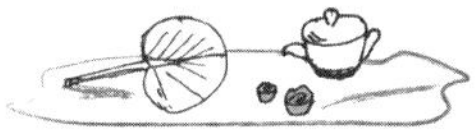

從中解脫出來的一種感覺，但不能因此得出生命本質是寧靜、快樂、自由這個結論。那麼，佛教對於生命本質到底怎麼看？不必在乎人們會做出什麼評價，他們說這是消極的，我們就不直接這樣說了，完全可以理直氣壯地說，生命的本質就是這樣的。

濟：說生命本質是自由、快樂、清淨的，不是要去討好誰，而是因爲「人生是苦」這個表達雖然是佛教的基本認知，但它是有針對性的，不是最完整的表達。生命有兩個層面，從迷惑的層面來說，人生的確是苦的，但這只是生命的一個層面，不是最究竟的層面。佛經說：「心性本淨，客塵所染。」這個苦是客而不是本，就像我們講雲彩和天空，雲彩不是本質，天空才是本質。從天空的層面來看，本來就是澄澈而清淨無染的；而從雲彩的層面來看，的確在風起雲湧，甚至完全遮蔽了天空。但我們要知道，雲彩只是客，它是沒有根的，它背後的天空才是根本所在。所以，我的說法不是爲了隨順世人，而是根據佛法義理，客觀、如實、正向地表達這個內容。

周：也就是說，迷惑造成了苦，解除了迷惑，進入覺醒狀態，人生就是快樂的。那麼，快樂只是解除迷惑之後的一種狀態嗎？人生有沒有正面的快樂？比如說欲望，西方的快樂主義哲學家認爲，欲望是快樂的源泉，當然要合理節制，欲望膨脹會導致痛苦。如果人沒有欲望，那會是一種什麼狀態？我想知道佛教對欲望是怎麼看的。

濟：佛教並不完全否定欲望，而是認爲欲望有三個屬性，即善、不善和無記。無記屬於非善非惡的，比如餓了吃頓飯，渴了喝杯水，都是正常需求。但把這個欲望不斷升級，比如一定要吃什麼喝什麼，又沒條件達到時，就可能採取一些不正當途徑，甚至犯罪手段來達到目的。這個情況下，欲望就會演變爲不善的。此外，想要修行佛法，包括造福社會、助人爲樂等，則

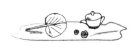

是一種正向的人生需求，佛教稱爲「善法欲」。大乘菩薩的無盡悲願，利益一切眾生的菩提心，就是對善的欲望的昇華。

周：對於欲望這個概念要界定，我覺得可以分爲三個層次：

第一個層次是生命性質的欲望，自然規定的欲望，佛教對這個欲望是不否定的，也承認這種欲望的滿足能給人帶來快樂，當然是小的快樂。

第二個層次是社會性質的欲望，受到社會上的觀念、風氣等影響之後，欲望發生了變化，超出了自然的規定，比如功名富貴之類。這種欲望的滿足，從好的方面說，比如得到社會的肯定，也能給人帶來一種積極的快樂。從壞的方面說，這種欲望膨脹，會讓人迷失方向，離開生命本眞的狀態，就是佛教所說的貪瞋癡。

第三個層次是精神性質的欲望，就是法師說的「善法欲」，包括社會理想、精神追求、藝術創造等，它給人帶來的就是高層次的快樂了。如果這

攝影／老六

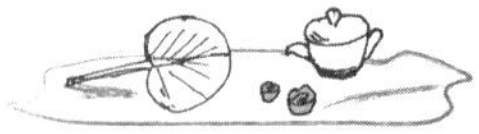

樣來看欲望，佛教可能和哲學沒有太大的差別。

濟：欲望帶來的痛苦，並不僅僅在於欲望本身。正常的吃飯喝水，說不上有什麼痛苦，反而是對痛苦的一種緩解，會給人帶來暫時的快樂和滿足。但欲望過分膨脹之後，痛苦就在所難免了。一方面，爲了滿足這種不斷升級的欲望而忙碌，非常辛苦；另一方面，我們還會對需求物件產生依賴，因爲依賴就害怕失去，患得患失。所以說，依賴和貪著是欲望產生痛苦的催化劑。現代人普遍覺得焦慮、恐懼、沒有安全感，爲什麼？就和我們對欲望的貪著有關。很多人雖然有房有車，還是對生存充滿焦慮，在某種程度上，甚至比那些有一頓沒一頓的人更焦慮。爲什麼？因爲他們維持這種生活水準的壓力，超過那些只求溫飽的人。可見，讓我們產生痛苦的不僅是欲望，還在於種種煩惱。要從根本上解決痛苦，就要破除無明，擺脫迷惑。

周：我覺得，討論生命和苦樂的關係，佛教中一個根本的立場，仍然是要解除在生命眞相問題上的大困惑。如果說，在解除大困惑之後，結論是生命的眞相或世界的本質就是無我、四大皆空等，那就無所謂生命的苦和樂了，因爲苦和樂都只是浮雲。或者說，都是紅塵，看破了紅塵，苦和樂就都沒有意義了。所以，佛教的終極目標是超越苦和樂的。

濟：前面說過，生命有兩個層面，一是迷惑的層面，一是覺醒的層面。由迷惑的力量，會開展出一個虛幻的世界，輪迴的世界，甚至可以說是荒謬的世界。人因爲看不清，就會對自我和世界產生錯誤認定，充滿對自我的執著，對永恆的期待。這種執著和期待才是產生痛苦的根源。如果我們能如實觀照，看清世界的虛幻本質，看清它是由迷惑發展而來，就能對此保持一種超然。當我們不再陷入對它的執著，它的存在和變化就不會對我們構成困擾了。

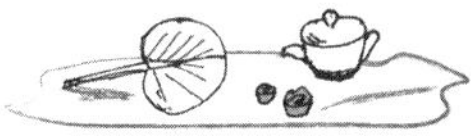

佛教是悲觀主義嗎？

周：尼采批判虛無主義，把佛教也當作靶子，他認爲佛教是徹底否定生命的。當然，他對佛教並不瞭解，主要是從叔本華那裡得來一知半解的。叔本華受佛教影響很大，尼采在批判叔本華的時候把佛教也連累了。

濟：叔本華和尼采瞭解的佛教，可能主要是聲聞乘，偏向個人解脫，側重談否定的一面，這就給人造成佛教消極的印象，其實是一種誤解。佛教中的否定，包括聲聞乘，並不意味著什麼都沒有，那是一種斷見，屬於邪見範疇。而漢傳佛教屬於大乘，以自利利他、自覺覺他爲宗旨，這是一種非常積極的人生態度。

周：無論小乘大乘，佛教最後都是要解除對生命的迷戀。人因爲迷戀生命，所以企求永恆，不願意接受死後歸於虛無的結局。其他宗教都是告訴你，死後不是虛無，讓你相信某種意義的永恆，但佛教的思路似乎完全是相反的。我相信佛教是解決生死困惑的最徹底的辦法，但是我到現在還沒有弄懂，如果對生命在總體上是否定的，如何能導向一個積極的結果呢？

濟：佛教最後要解除人們對生命的迷戀，我覺得這個表達很容易讓人產生誤解。佛教是要我們對生命建立一種如實認識，它要否定的不是生命現象本身。比如佛教所說的無常，是否定我們對永恆的執著和期待。「一切有爲法，如夢幻泡影」，緣起現象都是無常變化的，我們期待的永恆只是內心對世界過分依賴後產生的幻想，本身並不存在。而佛法所說的無我，也不是要否定個體生命現象的存在，而是要否定對自我的誤解，進而引導我們去認識生命眞相，認識自己的本來面目。如果眞的否定生命現象，那就意味著生命是沒有希望的，找不到活著的意義，的確是件很痛苦的事。

周：我知道佛教不否定生命現象，現在的問題是，人類這樣一種有自我認知的生命，他還希望生命現象背後有一種本質性的存在。基督教說是上帝，但

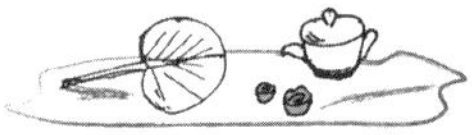

佛教告訴你根本沒有。做爲有情，知道這一點後是絕望的。

濟：生命有兩個層面，佛法否定了一個層面，同時也在肯定一個層面。比如佛法認爲，一切眾生都有佛性，每個生命都蘊藏著無限寶藏。一旦開發這個寶藏，就能於自身成就佛菩薩那樣的品質，同時也會給眾生帶來光明和希望。所以在大乘佛法中，會說明我們去認識這種覺醒的力量，找到人生的意義所在。

周：苦的根源，在主觀上是無明、迷惑、煩惱，在客觀上是生命本身的虛幻性質，後者已經是前提，是更根本的。我的印象是，佛教說的生命的快樂好像不是生命本身的快樂，而是看破生命的虛幻之後的一種超脫心境。

濟：生活中的所謂快樂，無非是對痛苦的緩解，是有漏而有限的，唯有證得空性慧，來自空性的喜悅才是純粹的，不夾雜任何痛苦。所以，大乘佛法特別強調菩提心。發菩提心意味著什麼？就是以救度一切眾生爲己任，沒有一個眾生是我不願意幫助、不願意爲之付出的，需要承擔這樣一個使命。那麼，這和世人做慈善有什麼不同呢？一方面，它的對象是一切眾生，在時空上都是無限的；另一方面，菩提心還要和空性慧相結合。既發願救度一切眾生，同時也認識到一切眾生只是因緣和合的存在，我們只是盡己所能地幫助眾生，但也不必執著，不要覺得我幫助了多少眾生，更不期待他們的回報。《金剛經》開頭就說到：「所有一切眾生之類，若卵生、若胎生、若濕生、若化生，若有色、若無色，若有想、若無想、若非有想非無想，我皆令入無餘涅槃而滅度之。」這是發願幫助所有眾生走向覺醒。接著還有一段話：「如是滅度無量無邊眾生，實無眾生得滅度者。」儘管我發願幫助這麼多眾生，但內心並沒有任何執著，也不覺得我在度哪一個眾生。因爲慈悲的力量，才願意盡未來際地利益眾生；因爲空性的智慧，就不會陷入對度化眾生的執著。

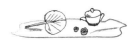

攝影／林銘述

周：這個很棒，智慧和慈悲猶如雙翼，保持平衡，才能展翅飛翔。因爲慈悲，智慧不落入自私；因爲智慧，慈悲不落入執著。

濟：如果瞭解到大乘菩薩的無盡悲願，像〈普賢行願品〉所說，普賢菩薩的每一個願望，都是「虛空界盡，眾生界盡，眾生業盡，眾生煩惱盡，我此願望無有窮盡，念念相續，無有間斷，身語意業，無有疲厭」，你會非常震撼。這是菩薩對眾生的莊嚴承諾，是眞正的海枯石爛，矢志不移。可以說，世間沒有任何一種願力能與之比擬。

周：是不是可以這樣說：無論大乘還是小乘，都是要讓你覺醒，看破生命的虛幻；小乘只是自己覺醒，大乘不但自己要覺醒，而且要讓眾生都覺醒，都看破生命的虛幻，覺悟到人生是一個夢，不要太執著。最後要覺悟到的這個東西，都一樣是悲觀的。極端地說：小乘只是自己悲觀，大乘不但自己悲觀，還要大家都悲觀。也許說悲觀不準確，應該說是要認清生命的眞相，宇宙的眞相。

濟：以迷惑和煩惱開展的人生，它的存在是一個現實。對於這樣的現實，佛法讓我們以智慧去觀照它。只有這樣，才能超然物外，不爲所累。否則就可能根據自己的需求，一廂情願地希望生活應該如何。比如我們對世界有了過分依賴後，就會產生幻想，希望擁有的一切都能永恆。但世界是無

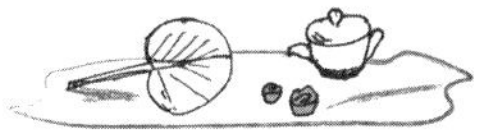

常的，所以這種期待必然落空，於是就會由失望帶來痛苦。佛法所說的無常，就是讓我們看清事物眞相，只有看清楚，才能坦然面對一切。其實世界沒有變，也不是要放棄什麼，但因爲我們的心態變了，就不再爲其所轉，更不會因此受到傷害，而是會積極地面對並改變這個世界。

周：佛教追求的終極目標是從輪迴中解脫，我總覺得，這個目標本身已經包含了對生命的悲觀看法。

濟：事實上，每個生命都需要解脫。現在很多人有負面情緒，這就需要從情緒中解脫；一些有思想的人則對生命有種種困惑，這就需要從困惑中解脫。可以說，沒有哪個人不需要和不想要解脫。

周：在這一世生命的過程中，的確有很多東西需要解脫。但我想，如果最後要擺脫六道輪迴，不讓生命之流延續下去，這個意義上的解脫，就有從整體上否定生命之嫌。

濟：從輪迴中解脫，從根本上說，是解除生命內在的迷惑煩惱，它並不意味著對生命的悲觀看法，恰恰是正視生命現狀後的抉擇，是不甘沉淪的表現。

淨土在何方？

周：基督教主張天國永恆，靈魂不死，而佛教讓你看清無常，放棄永恆的幻想，我是在這個意義上說佛教悲觀。當然，實際上它是揭示了生命的眞相，看明白之後，你就不會執著了，就可以超脫了。所以，我覺得，從理論本身來說有悲觀的色彩，從產生的作用來說是積極的。

濟：佛法也講永恆，涅槃就是永恆的不生不滅。佛法認爲，以迷惑、煩惱爲基礎的生命是痛苦，但同時也告訴我們，我們還可以開展慈悲、智慧的生命，並依此建立淨土。如西方極樂淨土、東方琉璃光淨土等，都是由佛菩薩的智慧、慈悲和願力開顯的清淨世界。這些世界是建立在無盡悲願的基礎上，可以長期延續下去。至於天堂，在佛教看來，只是一個比較好的去處而已，雖然充滿各種欲樂，但如果耽於享樂，是不能改善生命品質的，而且福報享盡，必然墮落。就像有錢人可以搬到環境優雅的地方，但只要生命品質沒有改善，也未必能過得開心。而佛教所說的淨土，是在改變生命品質前提下開發的世界，兩者截然不同。

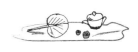

周：佛國、淨土、西方極樂世界等等都是方便說法吧？佛法眞認爲是實有的？

濟：在大乘經典中，有很多關於淨土的描述。比如《阿彌陀經》說，在我們這個世界以西，經過十萬億佛土，那裡有世界名爲極樂，環境如何，等等。佛教的時空觀以整個宇宙爲平台，即便從想像的角度來說，也很不可思議。西方從地心說到日心說，不過幾百年的時間，而佛教在兩千五百年前就有這樣的描述。

周：宇宙有無限個世界，這個概念佛教很早就有了。

濟：《維摩詰經》更有意思，講到離我們這個世界有四十二恆河沙佛土之遙有香積國，那裡的世界又是如何，簡直是難以想像的。

周：換一個角度看，基督教的天國、佛教的淨土，是不是都有貶低我們生活的這個現實世界的意味？或者，我們不妨把淨土看作對生命徹底覺醒之境界的一種形容？

濟：佛法在否定人生虛幻和荒謬的同時，也在揭示生命的眞善美。在佛教造像中，佛陀有三十二相八十種好，這是印度人認爲最圓滿的長相。全身每一處都是完美無缺的，這種美不僅是外在的，同時也是內在的，是從心靈的完美到人格的完美，再到世界的完美。佛教所說的淨土，就是生命正向力量的呈現。我們所處的世間，是由無明妄想顯現的五濁惡世，反過來，由覺醒、慈悲的力量，就能構建清淨莊嚴的淨土。而佛教所說的人間淨土則告訴我們，只要不斷改變我們的心行，當下也能成爲淨土，未必要到其他

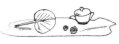

世界。

佛法是對生命的如實觀

濟：說到悲觀和樂觀，佛法還有一個概念，即中道觀。中道不同於中庸，也不是一種折中，而是如實的認識，又稱正見、如實見。也就是說，你的認識和世界眞相完全吻合。龍樹菩薩有一部《中論》，就是說明我們建立中道的認識。

周：尼采也有一個觀點，宣稱他的哲學是超越悲觀主義和樂觀主義的對立的。在他看來，悲觀主義太消極，樂觀主義太淺薄，他把自己的哲學稱作悲劇哲學，就是看清了人生的無意義，但不是到此止步，而是要負起爲人生創造意義的使命。當然，這和佛教的觀點是完全不同的。

濟：在佛法看來，悲觀和樂觀都是有問題的。一切事物都有兩面性，樂觀者更多看到浮華的這一面，而悲觀者比較容易看到浮華人生的虛幻本質。在某種意義上，悲觀者往往比樂觀者對人生的思考更深入。社會上多數人都是隨波逐流，得過且過，沒有遇到特別變故時，也能樂在其中，糊裡糊塗地過完一生。但有些人能看透這些世俗生活的虛妄，要追尋生命的價值，要追尋活著的意義，可又找不到出路，悲觀就在所難免。就像看到烏雲密佈的天空，一片漆黑，讓人覺得天都要塌下來了。事實上，烏雲背後就是萬里晴空。

周：和樂觀主義相比，悲觀主義的確深刻得多。事實上，一切深刻的靈魂都是從悲觀起步的，看到了人生的根本缺陷，從而尋求拯救之道。

濟：不過，悲觀和樂觀都不是完整的認識。佛法是要我們如實觀照，一方面認識到緣起顯現的虛幻，一方面認識到迷惑背後還有覺醒的力量。只有正確認識迷惑，才有能力走向覺醒。所以我一直在強調，佛教要否定的不是現

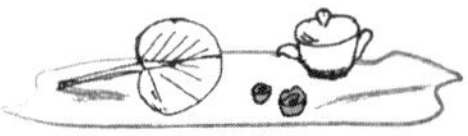

象，而是否定對現象的錯誤認識。

周：可不可以這樣理解：樂觀是錯誤地把現象當成本質，沉湎在現象之中；悲觀是看到現象不是本質，而且現象背後沒有本質，因此把現象也否定了；中觀是看破了現象背後沒有本質以後，回過頭來把現象做爲現象接受下來。

濟：中觀首先是一個認識，然後又關係到認識對象。因爲認識決定了對外境的認識，你有什麼樣的認識，就能認識到什麼樣的世界。中觀是如實觀，即如實認識生命的眞相、世界的眞相。

周：所以，佛教不是悲觀主義，而是對生命的如實觀。

理性對於生命的利弊

濟：書籍是人類對世界和生命思考的積累。

周：有一些是，許多不是。

濟：是的，有些知識和生命本身沒有太大關係，只是生存和生活的知識。

周：現在大多數知識是這樣。從知識層面來說，人類生活是越過越複雜了，因爲生活的知識太多了。

濟：在這些知識的引導下，讓人有越來越多的需求和執著。

周：你說這樣好還是不好呢？

濟：本來很簡單就可以過好日子，但需求和執著多了，非常麻煩。過好日子本身，還是以幸福爲標準，不是物質豐富就好。豐富除了能帶來暫時的滿足，既不能帶來幸福，又不能提升生命，好在那裡呢？

周：我們把豐富和複雜做一個區分。

濟：就是複雜。

周：是複雜，不是豐富，對生命有意義的才是豐富。最好的狀態是豐富的單

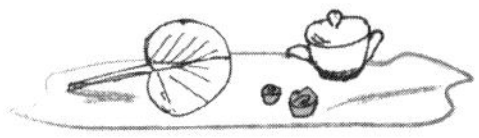

純，最差的狀態是貧乏的複雜。

濟：越過越複雜，讓人很累。因爲需求越來越多，然後要滿足這些需求，就很辛苦。現代人最普遍的問題就是累，太複雜了，欲望太多。

周：從人類的發展來說，這可能是必然的。在這個世間，人總想做點事情，甚至要造點事情，讓生活有內容。我覺得，有限度地造些事情也未嘗不可，因爲人不能總是在那裡思考和體悟，還是需要有具體的東西。越來越複雜就開始反思，要回到簡單，就這樣循環往復，這個過程很難避免。

濟：人難免有欲望，然後會產生很多想法，把世界弄得無比複雜。建立需求之後，又會執著於此，產生不同程度的依賴。一旦有了依賴，它的任何變化都會給我們帶來痛苦。可以說，欲望就是人類給自己製造的陷阱。

周：理性是人類特有的能力。我們總是說，人之所以比動物高明在於人有理性。但是，理性對人類的作用有兩面，有利也有弊，控制不好會比動物更不高明。

濟：理性是雙刃劍。人本來很簡單就可以過得幸福，但因爲有想法，就不會滿足於這些基本需求，而是攀比、競爭，結果製造了很多煩惱。

周：想法製造了需要，需要變成了煩惱。

濟：當然，理性也能讓人超越感性的需求，探索本質性的東西。佛法認爲，人之所以高於動物，其中一個重要特點就是理性。因爲有理性，人才有能力探索生命和世界的眞相。

周：在佛經中，理性用哪個詞？

濟：佛法所說的「思、想、分別、思維」等概念，都是對理性的表述。理性和意識有關，也和教育有關。我們有什麼樣的理性，往往取決於所接受的教育，所以佛法特別強調親近善知識，即找到好的老師。接著是聽聞正法，接受智慧的文化教育；然後是如理作意，依這樣的智慧來思考；最後是法

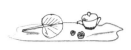

隨法行，根據法的指導精進修行，進而認識世界，認識生命開展的路線。這在修行中稱為「四法行」，是踐行佛法的四個重要步驟。

周：理性的兩面性，向好的方向發展是智慧，向壞的方向發展就是癡愚。動物沒有智慧，但也談不上癡愚。

濟：今天這個世界，特別需要提倡智慧的文化。智慧的文化來自智慧的心靈，而我們接受智慧文化的同時，也在幫助自己建立智慧的心靈，兩者是相輔相成的。反過來說，垃圾文化來自充滿垃圾的心靈，而垃圾文化的氾濫，又使心靈充滿垃圾。如果缺乏有益心靈健康的主流文化，社會就會陷入混亂。

周：現在就是缺乏。

濟：所以現代人混亂浮躁，資訊這麼發達，但鋪天蓋地的都是什麼？是精神霧霾。

8

道德與修行

世上有兩樣東西，我們思索越久，

越是充滿讚歎和敬畏：

那就是頭頂的星空和內心的道德。

——康德

世尊告諸比丘：有二淨法，能護世間。

何等爲二？所謂慚愧。

——《雜阿含經》

道德建立在智慧的基礎上

周：佛教在道德問題上的基本主張是什麼？

濟：道德是對人類行爲合理性的探討。也就是說，道德是幫助我們確定行爲的合理性，從而進行選擇。佛法認爲，生命是無盡的積累，今天的人格是過去行爲的積累，也是過去心理活動的積累。這些行爲和心理活動造就了我們的人格，也決定了我們成爲什麼樣的人。這就涉及到一個問題：生命到底有哪些可能性？如果我們不瞭解生命的可能性，就不能確立目標；如果不能確立目標，又何以建立相應的行爲？

周：所以，前提是對生命要有正確的認識？

濟：對生命眞相和發展規律的認識，是道德建立的基礎。缺乏這一基礎，宣導道德會非常空洞。人們會覺得，實踐道德和我有什麼關係？有什麼意義？又或者，表面雖然在遵循道德，實際是被動的，甚至是做給別人看的。如果認識不到遵守道德和自身生命的關係，往往會無奈地「被道德」，無法成爲主動自覺的行爲。只有確定生命目標之後，基於對人生未來的選擇，才會自覺遵循相應的道德。因爲這是自己的選擇，不是來自他人的要求，我們清楚地知道，爲什麼要這麼做，這麼做的意義是什麼。

周：自律是道德的題中應有之義，不自律就不成其爲道德，而只是服從。要能夠自律，就必須是出於自覺的選擇。在佛教中，大乘小乘都看重智慧，大乘除智慧外還強調慈悲。我覺得智慧對於道德很重要。現在理解道德往往很狹窄，好像就是一些社會性的規範。中國有這個傳統，早期儒家像孔子、孟子還好一些，後來越來越把道德完全看成社會穩定的工具了，離道德的本義越來越遠。實際上，一個人道德品質好還是不好，很大程度上是取決於他是不是想明白了人生的道理，覺悟的程度怎麼樣。智慧是道德的重要基礎，佛教強調智慧對道德的重要作用，這是重要的貢獻。這一點在

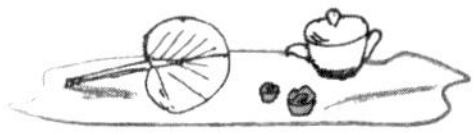

其他的哲學和宗教裡是欠缺的，至少沒有強調。

濟：確實，佛教認爲智慧是道德建立的基礎。沒有智慧，道德只是機械的行爲。認清生命眞相和發展規律之後，才會主動自覺地遵循道德。當我們瞭解道德對生命的意義和價值之後，基於對自身生命的負責，自然會選擇正向、健康的行爲，因爲自己就是道德行爲的受益者，而且是最大的受益者。至於其他，只是道德行爲的副產品。

周：它實際上是你自身生命本身所必需的，不是一個外來的約束，是生命本身開發出來的一個東西，這就大不一樣了。

濟：正因爲不是建立在智慧認識的基礎上，所以不少人把道德視爲教條。從某種意義上說，佛教的整個修行過程，也可以理解爲是實踐道德的過程。從基本的道德到高尚的道德，你選擇什麼，不是他人要求你的，而是取決於你對自己的要求。如果說法律是社會的要求，那麼，道德就是自我的要求。你對自身有什麼樣的期許，就要遵循什麼樣的道德。

尊嚴感和慚愧心

周：佛教強調智慧是道德的基礎，這一點是很特別的。在道德學說上，西方哲學主要有兩派。一派由英國哲學家為代表，比如亞當・斯密、約翰・穆勒，強調同情是道德的基礎。同樣是生命，人對別的生命會產生同感，能夠推己及人、將心比心。就此而言，和大乘的慈悲比較接近，如果說智慧是生命的覺悟，慈悲就可以理解為對別的生命的同情。西方還有一派哲學家主張，人是有靈魂的，人身上是有神性的，所以做人是有尊嚴的，這種因為身上有神性而產生的尊嚴感是道德的基礎。實際上這也是基督教的觀點。佛教沒有靈魂的概念，如何看待人的尊嚴這個觀念呢？或者是不是說，有智慧做基礎就足夠了？

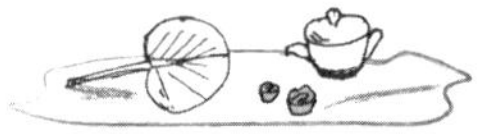

濟：佛教是從不同層面來談道德問題。比如慈悲，就是做爲菩薩的道德基礎。但你剛才講的，單純以同情做爲道德基礎，恐怕是不完整的。因爲即使不強調同情心，一樣可以做有道德的人。道德不僅有利他的層面，同時有自利的層面。從究竟意義上說，每個眾生都有佛性，這才是道德開展的基礎；反之則是魔性，是犯罪及一切不良行爲的基礎。這是從生命的根源來說。

周：魔性是什麼？是不是蒙在佛性上的塵垢？或者還有另一個源頭？

濟：所謂魔性，就是無明引發的貪瞋癡，屬於心靈塵垢。至於佛性，是從形而上的層面來說。從形而下的層面，從具體實踐來說，是透過慚愧心來建立道德。

周：這是哪個宗派說的？

濟：這是佛教的基本思想。「慚愧」二字在經論中經常出現，僅《大正藏》就有七千多處。「慚」和「愧」分別出現的話，各有一萬多處。慚愧是什麼呢？慚是覺得自己德行不夠，常懷慚念而生善；愧是怕自己作惡受人譏評，常生愧心而止惡。簡單地說，就是羞恥之心。

周：慚愧心是建立在什麼基礎上？爲什麼會慚愧？是因爲佛性起了作用，意識到自己做了有悖於它的事情？

濟：慚愧的基礎有兩個方面。一方面，很多人內心都會有善的力量，因此就會不斷提醒自己，什麼能做，什麼不能做。另一方面是與教育有關，比如我們接受佛教的教育，或是儒家、基督教的教育之後，會對自己的身份有一種期許，並建立相應標準。當我們做了有違這個身份和標準的事，自然會心生慚愧。如果沒有標準，可能就覺得理所當然。

周：實際上就是一種尊嚴感。因爲有尊嚴感，所以做了有悖於尊嚴感的事情就會產生慚愧。儒家也有這個思想，孟子說「羞惡之心，義之端也」，羞惡

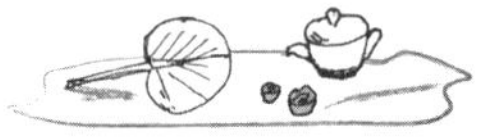

之心就是羞恥心、慚愧心，是道德的開端。

濟：儒家認爲良知是道德的基礎，宋明理學也講到「良知良能」，這和佛性的思想有一定相似之處。其中包括兩個因素，一是先天因素，每個生命積累的善業不同，所以對道德、良知的反應程度也不同。二是後天教育建立的標準。基督教講人有靈魂，所以要有尊嚴，這也是教育的結果。如果沒有教育，他不會覺得自己有靈魂或神性，也不覺得要重視尊嚴。這是透過教育形成的標準。

以無所得之心求利益

周：佛教如何看待利益的追求？

濟：我們生活在這個世界上，利益是維護基本生存的需要，不可能完全不要，這沒什麼不對。佛教也是透過對因緣因果的解讀，鼓勵我們追求正當的利益。利益要重視因果，要與善和道德相結合，透過道德的行爲，才能獲得眞正的利益。這樣的利益，不僅對眼前有益，還對未來有益；不僅對自己有益，還對他人有益。反過來說，不道德的行爲是不可能給我們帶來眞正利益的。

周：實際上也不否認利益的動機，但是強調要用正當的手段，不可損人，最好還能利人。在這一點上，中外道德是共同的。

濟：當然，佛法還講到更高的層次，就是對利益不能執著，要有無所得的心。只是對普通信眾來說，還是會說明利益的合理性，以及如何得到利益。

周：佛教對普通大眾有一些方便說法，其中有策略的成分，是爲了能讓他們容易接受，從教理本身來說未必正確，或者說，根本宗旨是不一樣的。

濟：雖然是方便說，但不會有根本性的差異。弘法要契理契機，契理就是契合佛法義理；契機是契合當下受眾的程度。所以，佛教會根據人的需求層

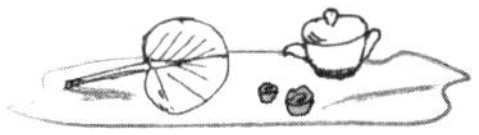

次，對他們提出不同的要求。如果對方的目標只是半山，不能一下子高出太多，有的人可以一下子到達山頂，有的人需要一步步引導。普通百姓都希望幸福平安，這是正常需求，本身也是合理的。當然，這種需求還要不斷提升。很多人在物質貧困時，希望透過積聚財富獲得幸福，現在什麼都有了，還是沒有幸福感和安全感，顯然是內在的心靈問題。佛法對人的作用不只是外在的，更重要的是做爲心靈智慧，引導我們解除痛苦、煩惱和不安全感。如果內心沒有改變，任何外在改變都是短暫的，不究竟的。

周：道德有兩個層面。一是個體生命的層面，肯定個人對合理利益的追求，但必須遵守規則，不可損害他人的利益。另一個是靈魂的層面，人要有信仰，有精神追求，在這個高度上看淡一切利益，不執著。在利益的問題上，道德應該起這兩個作用，第一用正當的手段追求利益，第二超脫利益。中國儒家的道德過於強調社會性的層面，不重視個體生命和靈魂，就不能很好地起這兩個作用。

濟：這種強調無形中會把人導向一種功利。一方面，中國人往往把道德和利益對立起來，這種對立就使人對道德產生恐懼感，或是嘴上講著道德，內心想著利益，成了口是心非的僞君子，這樣問題更麻煩。另一方面，如果一個社會缺少信仰，缺少高尚的精神追求和人格典範，人們自然會把外在的物質追求當作最高目標，看到的只有財富、權力。爲了利益的最大化，就會不擇手段，連食品、醫療這些直接關係到生命安全的行業，都會有各種匪夷所思的造假事件，已經觸及了道德的底線。

周：儒家道德的問題，實際上有兩點。一是把義和利對立起來，完全否定個人利益，這是很大的問題。利己是本能，否定的結果就是造成虛僞。另一個是沒有一種更強大的力量來約束對利益的追求，就是超越性的信仰。結果，在利益的問題上，一方面很看重，不超脫；另一方面又很糾結，不能正大光明地追求。

濟：儒家道德缺少哲學的內涵，就變成了機械的道德，僅僅是行爲規範，缺乏讓人信服的力量。而佛教提倡的道德有雄厚的理論背景，把遵循道德的原理說得清清楚楚，告訴我們，這樣做對自己和社會的價值是什麼，不這樣做的過患又是什麼。哪怕基於對自身的負責，也應該遵循道德，就很有說服力。

周：人生智慧是道德的根本，而儒家是要讓你當馴服工具，不需要智慧。孔子不是這樣，祖師爺還是好的，往後就變味了。

成佛不是評職稱

周：佛教認爲智慧是建立道德的基礎，那麼，反過來說，智慧的缺失就是道德墮落的主要原因。佛教中有貪瞋癡的說法，這三者是不是智慧缺失的具體表現，因而也是對道德墮落原因的一個具體分析？

濟：生命有迷惑和覺悟兩個系統。迷惑系統中有種種心理活動，佛教將之歸納爲貪瞋癡，其中又以癡爲根本。癡就是迷惑，由此引發貪瞋之心，對喜歡的想要占有，對不喜歡的加以排斥。在佛教心理學中，煩惱主要是以貪瞋癡爲根本。佛陀眞是有大智慧，用三個字就概括了凡夫的整個生命狀態。

周：那麼，貪瞋癡主要是指心理活動，煩惱的三種形態，而根源是迷惑，也就是智慧的缺失。

濟：是的，癡是由於對生命不瞭解，從而產生各種錯誤認知。又因爲錯誤認知而看不清，所以向外尋求依賴。既然你把自己丟了，自然會把外在的身份、地位、身體做爲支撐，想要牢牢抓住。事實上，這些都是抓不住的，所以導致焦慮、恐懼，缺乏安全感。一旦貪著物件受到衝擊，就會引發對立和瞋恨，這是最具破壞性的情緒。

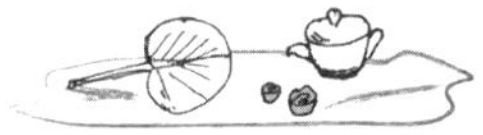

周：做爲有情，人不可能沒有情緒，包括一些負面情緒，諸如煩惱、憤怒之類。

濟：從心理學的角度來說，有貪瞋癡是正常的，只是當它們過度時，才會引發心理疾病。但佛教認爲，只要還有貪瞋癡，就是輪迴中的病人。這也是佛教和心理學最大的不同之處——心理學是解決貪瞋癡引發的異常心理，而佛教是要從根本上剷除貪瞋癡。

周：《楞伽經》裡說：「正覺本身亦無本質，故實無所悟。」所以，執著於有悟仍是迷惑，悟到煩惱即菩提方是悟的境界。這麼看來，要把煩惱剷除乾淨豈不也是迷惑？

濟：這個問題的關鍵，在於「執著有悟」，認爲成就佛果就像我們評職稱一樣，或是認爲證得菩提就像比賽得獎盃一樣，那的確是一種迷惑。在我們一般的認識上，是說有煩惱有菩提，說修行過程就是斷除煩惱、成就菩

攝影／畏冰

提。但從究竟的層面而言，煩惱的本質就是菩提。修行就是以般若智慧觀照，體認到煩惱的虛幻，當下就能證得菩提。正是在這個意義上，才有「煩惱即菩提」之說。同時，體證菩提不僅超越能所，也超越有所得的心，所以《心經》說：「無智亦無得，以無所得故，菩提薩埵依般若波羅蜜多故，心無掛礙。無掛礙故，無有恐怖，遠離顛倒夢想，究竟涅槃。」相反，如果我們執著於煩惱的實在性，執著於煩惱的斷除，生起對立之心，認爲有正覺可成，依然是迷惑的認識。

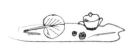

周：心理治療是解決已經表現出來的心理疾病，這個疾病已經嚴重得使人不能正常生活了。

濟：如果有一些貪瞋癡，不太過分，在大家眼中，還是一個正常的人。

周：但佛教就不認爲有正常的貪瞋癡？從心理學的角度來看，能不能說，貪瞋癡概括了三種不同的負面心理現象，貪是欲望，瞋是情緒，癡是心態？

濟：是三種現象，但不能用欲望或情緒去概括，不太準確。

周：準確地說，貪瞋癡是三種主要的煩惱，是世間悲與苦的主要根源。佛教中還有一個說法，就是戒定慧。可不可以說，戒定慧是斷絕這三種煩惱的對應方法，戒可除貪欲，定可除瞋恚，慧可除愚癡？

濟：戒定慧是剷除貪瞋癡的途徑，但不是一一對應的。當然，貪瞋癡的重點在於「癡」，而戒定慧的核心在於「慧」。以慧劍斷愚癡，就在根本上解決問題了。那爲什麼還要說貪瞋癡呢？因爲貪和瞋就是「癡」發展出來的，也是我們最容易感知到的煩惱，可以做爲具體的對治目標。至於戒和定，則是開啓智慧的基本途徑。戒律讓我們奉行簡單清淨的生活，爲修定打好基礎。修定則是將聞思正見轉化爲觀照力的必要途徑。佛法修行提倡「聞思修」，聞和思都是在理性層面的，而空性慧是證得的，不是以思惟可以抵達的。在思惟法義和證得空性之間，要有一個轉化，一個質的飛躍，這就離不開修定。戒定慧在佛法中稱爲三無漏學，基本理路是由戒生定，由定發慧。但這不是說，有了戒就必然有定，有了定就必然有慧。而是說，得定離不開持戒，而開發智慧離不開定力。

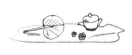

周：如果把貪定義爲執著於外物，把外物當作自我，因此喪失自我，那麼中西哲學家基本也都是否定的。

濟：佛法認爲，貪著的物件包括「我」和「我所」，這是做爲自我存在的兩種依託。我們認定身體爲「我」，會對身體產生強烈貪著。此外，「我」在世間的生存需要支撐，如財富、地位、名譽等，讓我活得更好，所以會對這些產生貪著，即「我所」。

周：根源還是在「我」，沒有「我」就沒有「我所」。這裡就會有分歧。一種觀點是，對「我」是肯定的，就像莊子說的，不能「喪己於物」，把「我」喪失在「物」裡面，迷戀外物才是貪。佛教的觀點是「無我」，不存在所謂「自我」，把「我」也否定了，執著於自我也是貪。

濟：人因爲無明，看不清自己，看不清世界。雖然看不清，但並不自知，總以爲自己所見是正確的、眞實的，從而產生錯誤認定並執著於此，帶來種種煩惱。當人陷入煩惱時，又會帶著煩惱看世界，繼續強化錯誤觀念和不良情緒。這也是輪迴的過程。

周：心理過程和能量的輪迴，這是佛教最特別的學說，也是常人最難理解的。

濟：從佛法角度來看，每個生命都遵循著相應的軌道。軌道的源頭，就是各種情緒和需求形成的心念相續。這種相續像瀑流一樣，從心念的相續導致生命現象的相續。

周：不光在這一世延續，而是在一世又一世延續。

濟：這種相續是連綿不絕的。在相續過程中，又會形成各種心理現象，造就新的生命相續，輪迴即由此而來。眾生在這種延續中往往身不由己，所以會

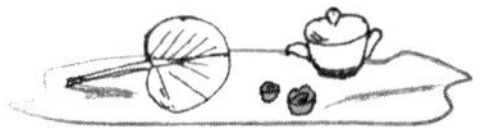

伴隨焦慮、痛苦、煩惱。修行，就是要從這種不自覺的生命相續中走出，擺脫慣性。從隨波逐流到把握方向，從不能自主到當家作主。

周：怎麼才能走出？

濟：內心的每一種不良習性，都是製造輪迴的力量。當你沒有正確方法時，要擺脫這些習性確實很難。當你找到生命內在本有的智慧時，就沒什麼難的了。從佛法角度來說，所有情緒和煩惱其實是沒有根的。

周：說起來容易，對於一般人來說，其實很難達到。我覺得一般人懂得做人的基本道理，就可以了。

濟：當然，迷惑的生命也不是一無是處。在它的發展過程中，也會產生善的心理，善的力量。但不論善或不善，都沒有離開迷惑的系統。即使我們在做善事，還是在一種迷惑的狀態下去做——這是我們需要正視的現實。雖然我們有佛性，但在修行沒有達到一定程度時，這種覺醒的力量是雖有若無的。

周：在做人的問題上，佛法強調生命智慧的開啓，而不是道德原理的探討和道德規範的遵守，這一點是很特別的。

濟：佛法特別強調正見，即如實見。如實，就是符合事實眞相。生命眞相到底怎麼回事？你只有看清以後，才能擺脫錯誤認知。

周：在正確認知的基礎上還要修行吧？

濟：佛法修行的核心，也是要我們如實認識世界。

周：總得有具體的路徑和方法吧？

濟：首先要聽聞正法，接受智慧的教育，這樣才能確立目標，在內心形成正向力量。進而強化這種力量，完成生命的轉依。唯識宗提倡多聞熏習，就是要不斷接受智慧熏陶，這也說明了教育的重要性。現代人之所以會有很多錯誤認知，就和從小所受的教育有關，這種先入爲主的認知，形成了難以改變的錯誤模式。

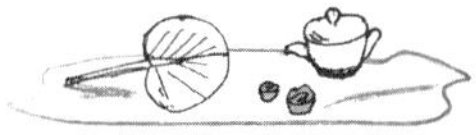

把修行落實到生活

周：佛法是心法，修行應該是心的轉變。

濟：轉變心是佛法修行的根本。但如何改變，不同宗派有各自的方法。唯識宗有個概念叫「轉依」。「依」就是生命存在的依託點，包括染淨依、迷悟依。染淨的依託點是第八阿賴耶識，這是雜染世界和清淨世界開展的源頭。唯識宗認爲，在阿賴耶識中有無始以來的種子，我們所有的生命經驗都儲藏在這個叫阿賴耶識的超級倉庫裡。其中，從有漏種子展開雜染的世界，從無漏種子展開清淨的世界。轉依就是要轉染爲淨，即轉變染汙，開發清淨。

周：每個人來到這個世界的時候，都已經是帶著種子來的。

濟：種子是在無始以來的生命延續過程中，所有言行舉止乃至起心動念在內心形成的力量。我們每天說話做事，都是在內心播種。雜染的種子會給生命製造煩惱和痛苦，而清淨的種子會幫助我們走向覺醒和解脫。

周：迷悟的依託點是什麼？

濟：迷悟的依託點，即迷惑和覺醒的基礎，關鍵是能否了達空性。不了達空性會陷入迷妄，了達空性則會成就解脫。

周：是不是可以說，修行就是轉依？

濟：對，佛法所有的理論都是爲這個核心服務的，不只是爲了說此道理，而是要透過禪修落實到心行，有很強的技術性和操作性。透過修行，才能離苦得樂。佛教正是圍繞這樣一個核心，安立種種法門和修行。

周：心是轉依的唯一場所，因此，關鍵是要做心的主人，對不同的種子進行識別和選擇。

濟：所以，學佛就是對心的認識、調整和轉變。

周：染淨和迷悟是不是從善和惡的角度來判斷的？

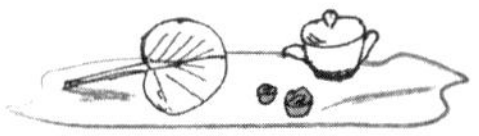

濟：善和惡是比較基本的層面。佛教有個偈頌，叫「諸惡莫作，眾善奉行，自淨其意，是諸佛教」。首先認識到什麼是善，什麼是惡，以止惡行善爲準則。當然，最初的善未必純淨，行善時也可能夾雜各種欲望、貪心甚至不良動機，這就需要「自淨其意」。不僅不要作惡，還要使善逐漸純淨，最高則是無相、無住、無所得的善。所以說，善也有層次的不同。

周：惡的根源就是染和迷嗎？還是另有根源？

濟：染和迷屬於惡的根源，因爲迷惑而有種種染汙，產生我執、貪瞋癡等一系列問題。

周：有漏和無漏是指什麼？

濟：漏是煩惱的別名。所謂有漏，就是由迷惑煩惱形成的種子，由此構成的生命是不純淨的，虛妄而有缺陷的；而無漏種子構成的生命是純淨、快樂和自由的。

周：修行就是要轉有漏爲無漏嗎？

濟：不是說把有漏變成無漏，而是要捨棄有漏種子，開顯無漏種子；捨棄迷惑，開顯覺性。當我們對生命有了正確認識之後，就能發展良性心行，斷除不良因素。生命內容就會隨著這些選擇不斷改變，從而對生命發展有一份主動權。

周：在修行過程中，捨棄和顯現是同時進行的，還是先捨棄再顯現？

濟：兩者是相輔相成的。在修行過程中，我們首先要建立正確觀念，即正見。因爲有正見引導，就可以擺脫錯誤觀念形成的不良心行，培養良性心理。在此過程中，我們需要不斷擺脫負面心理，重複正向心理。隨著正向心理的強大，擺脫負面心理的力量也會隨之增強，反之亦然。

周：具體來說，修行的路徑是什麼？

濟：佛教雖然有很多不同的宗派和法門，但所有宗派都是導向解脫道和菩薩

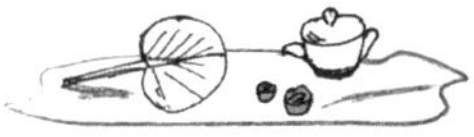

道。兩條道路的核心都是解脫，不同在於，解脫道偏向個人解脫，而菩薩道不僅要自己解脫，還要幫助更多的人走向解脫。

周：這兩條路能不能用智和悲來標誌呢？

濟：解脫道傾向於智慧的成就，沒有特別發展慈悲心，自己解脫，就「所作已辦，不受後有」了。菩薩道則是在智的基礎上，進一步強調慈悲的成就。但這不是說，一條單是悲，一條單是智。智慧是佛法修行的根本，以菩薩來說，也需要智慧才能解脫，沒有智慧的話，就是泥菩薩了。

周：現在許多人參加各種禪修、內觀、瑜伽等活動，成了一種時髦。修行只有這一種方式嗎？

濟：修行，有封閉式的密集修行，也有生活中的隨時運用，兩者是相輔相成的。階段性地集中時間用功，可以培養定力，熟悉並掌握某種用心方法，但最後還是要把修行和生活打成一片。如果在特定時間、以特定方式才能修行的話，你能有多少時間在用功呢？功夫又用得怎麼樣呢？所以在掌握正確方法之後，還是要落實到生活，透過各種境界來磨鍊和檢驗，所謂歷境鍊心。當我們在一個安靜的環境裡待著，可能自我感覺良好，似乎什麼煩惱都沒了，但走到紅塵裡，面對各種人事還能八風吹不動，才是眞功夫。當你面對逆境和痛苦，或是榮譽和讚歎，再來看看，心還能不能如如

攝影／魯飛

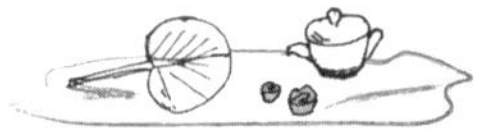

不動？

周：現在流行的修行，有兩個特點：一是集體行動，由一個法師帶領一大群人進行；二是脫離日常生活，在特定時間和空間裡進行。我本人認爲，修行一方面應該是很個人化的事情，另一方面應該是每天都要做的事情。最好的修行，是不刻意修行而無時無刻不在修行，若在無形之中。

濟：無時不在修行之前，需要經歷一個比較刻意的階段，讓心保持穩定的覺知，才有能力把這種覺知帶入生活中。所以禪修也很重要，當然這需要有正見的基礎，並在師長指導下進行。禪修本身不是佛教特有的修行，印度很多宗教都修習四禪八定，中國道家也有類似的修法。現在，很多靈學、心理學及相似佛法，也從佛教或印度教中吸收一些內容，加上個人經驗，演繹出各種似是而非的禪法，這個是需要辨別的。

周：對，名目繁多，往往還自吹自擂，似乎有天下第一神效。其實，其中許多只是生意經罷了。

濟：禪修的目的是探討生命眞相，同時也是一門調心技術，其過程非常微妙，有很多境界需要判斷和抉擇。這就需要有經驗的明眼師長引導，否則很容易出偏。所以我們準備禪修時，爲了安全起見，最好在傳統法門中選擇比較權威的方式，少接受那種新興的、各種理論嫁接在一起後形成的禪法。

周：兩者如何區分？

濟：禪修對生命的改造不是一個點，而是一個系統。而各種新興禪法往往是圍繞某個點，或是個人經驗的放大，理論模糊，效果也缺乏長期驗證。佛教的禪修，自佛陀證道後，在幾千年的流傳過程中，不斷被祖師大德的修行所驗證，從理論指導到實踐經驗都非常完備。八正道中，首先就要有正見、正思維，然後是正確的生活方式，再到正念、正定的禪修。正因爲禪修在修行的重要作用，所以如何選擇顯得非常重要。

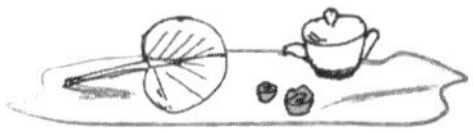

周：一般信眾如何選擇？不妨給他們提點建議。

濟：我覺得，南傳的內觀禪法入手簡單，比較適合大眾。就禪修來說，除了掌握相應方法之外，學習經教（聞思）、建立認識（正見）和正確動機（發心）都很重要。眞正有心學佛，我建議還是要按照次第來系統學習，掌握佛法的基本正見。僅僅參加幾次禪修，所得往往是特定狀態下的體驗，不容易把這種經驗延伸到生活中，眞正在面臨選擇或逆境時，還是不容易用得上力。

人性有差別嗎？

周：佛教有聲聞乘、菩薩乘之分，修行的要求有何不同？

濟：在聲聞乘、菩薩乘之外，還有人天乘，三乘有各自的道德要求。可以說，道德貫穿著佛教的整個修行，其中最基礎的是人天乘的五戒十善，這和儒家的五常、基督教的十戒有相通之處，重點就是做一個好人。我們現在是人的身份，就要有符合這個身份的行爲，才能保證未來繼續做人。

周：人天乘包括所有的人，其道德要求實際上就是做人的道德底線了。

濟：進一步，是聲聞乘的道德，是爲解脫服務的。

周：「聲聞」二字的含義是什麼？

濟：簡單地說，就是聽聞佛陀說法音聲而悟道的人。佛世時，很多弟子追隨佛陀出家，他們聽到佛陀闡述的四諦、八正道、十二因緣之後，斷除煩惱，解脫生死。這樣一批人叫作聲聞，也就是後來所說的小乘，他們修行的目的，主要是爲了自己證得涅槃，不再輪迴。更高一層就是菩薩的道德，是以成佛爲目標，不僅要自己解脫，還要幫助一切眾生走向覺醒。它的特點是慈悲，這是成爲菩薩的關鍵。

周：成爲人天乘，還是聲聞乘、菩薩乘，這可以自由選擇嗎？這三乘是固定的

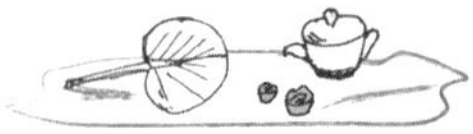

分類，還是一個階梯，可以一步一步往上走？

濟：以意願來說，是可以自由選擇的，但可能性有多大？又是另一個問題。就像你想成爲總統，想是可以想，但能不能做到？還需要很多客觀條件。從究竟意義上說，眾生是平等的，但就顯現而言，還是有巨大的差別。在《瑜伽師地論》中，就把人分爲不同種性，有菩薩種性、聲聞種性、緣覺種性、不定種性，甚至還有無種性，認爲這部分人根機太劣，沒有辦法成佛。

周：我覺得說得對。

濟：有些人的確比較難，還有些人會比較容易，這和習性有關。但從漢傳佛教的主流思想來說，更認可「人人皆有佛性，皆能成佛」的觀點。每個人在生命延續中形成的習性不同，這種習性經過漫長的積累，想要改變確實很難很難。

周：因爲積累的習性不同，或者說因爲天生的悟性不同，是不是修行的手段也不同？

濟：佛法是應機設教，根據眾生的不同根機，而有種種法門的設立。即使在一個宗派中，還會有進一步的細分，比如禪宗的頓悟和漸修。頓教對根機要求比較高，是對上根利智者所說，直接告訴你向上一著，把最精髓的部分指給你。而對那些根機比較鈍的人，則會用漸修漸悟的方式加以引導。

周：鈍和利應該是慧根的差別吧？

濟：鈍和利的差別，取決於心靈的塵垢。所謂利根，就是無明煩惱很少，心本身在比較空靈的狀態，再有明眼善知識善巧點撥，就能「直指人心，見性成佛」。反之，如果無明煩惱很多，就像被烏雲層層遮蔽的天空，內在的智慧光明難以顯現出來，這就需要透過漸修把塵垢清理乾淨。

周：這也可以說是種性的差別吧？

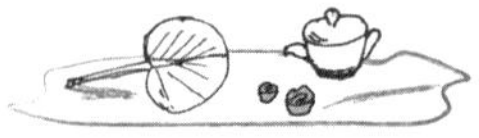

濟：根機利鈍和種性還不太一樣。種性是唯識宗的思想，是根據人的性格特點分爲五種性。比如有的人偏於自了，就屬於聲聞種性；有的人富有愛心，就屬於菩薩種性。

周：種性也有善惡道德層面上的區別嗎？

濟：在佛教中，種性是指人們因爲往昔生命經驗的積累而形成的不同習性，不是道德層面上的區別。

周：習性和天賦是兩個概念吧。

濟：習性和天賦有關。因爲你的習性，造就了某種天賦。有些人特別喜歡讀書，來生學起來會感覺駕輕就熟；有些人特別喜歡藝術，來生一接觸很容易有所領悟。這種例子在生活中比比皆是。此外，有些人會形成貪婪的習性，有些人會形成自私的習性，有些人會形成慈悲的習性。總之，我們發展什麼心理，它的力量就會特別強大，進而成爲心理主導。

周：這還是側重善惡的一面，根機的利鈍是什麼？

濟：不同種性中，還有根機利鈍的差別。或者說，在利根或鈍根中，也有不同種性。比如在菩薩種性中，有菩薩種性的利鈍；在聲聞種性中，有聲聞種性的利鈍。此外還有一闡提人，屬於無種性，但我覺得這種說法也不是絕對的。每個人都是善和惡的綜合體，差別只是在於，有些人善的力量比較大，有些人不善的力量比較大。

周：所以有兩個層面：一是種性，即慈悲程度的差異；二是根機，有利鈍的差異。這二者之間又有交叉。

濟：生命是無盡的積累。每個人的積累不同，就形成了不同的生命起點。因爲起點不同，你會發現，有些東西學起來很容易，有些東西學起來很困難。而對其他人來說，他們的所長和不足，也許和你恰恰相反。

周：佛教說眾生平等，可是又承認生命的起點不同，好像又是不平等的。

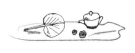

濟：這種不平等的顯現，正是基於平等的規律。如果今生的善惡積累不同，來生就一筆勾銷，全部從頭再來，那才是不公平。在因果面前，每個人都是平等的。你有什麼樣的行爲，就會帶來什麼樣的結果，誰也無法投機取巧，無法將不屬於自己的成果納爲己有，或是將屬於自己的果報推給別人。所以佛法認爲，應該從行爲來判斷人的高低，而不是從身分和血統。如果你的行爲高尚，那你就是高尚的；你的行爲低賤，那你就是低賤的。今天的行爲，決定了你的未來是什麼，你的生命品質是什麼。

周：前世輪迴中的種子，我無法對它們有任何影響，但這些種子的力量可能很大，是我對抗不了的。所以，我的現世行爲在很大程度上是由這些種子決定的。如果種子總體上是不好的，那我的行爲肯定是不好的，我能對它負責嗎？人有多大的力量來對抗這些現成的種子的力量呢？

濟：很多人對自己的言行的確是身不由己的，因爲生命已經形成強大的慣性，人在這些習性中根本就看不清楚，只能被它左右。如果一個人缺乏智慧，就不可能反省和修正自己。所以，接受智慧的教育很重要，這樣我們才能看清，生命中什麼是有價值的，什麼是沒有價值的。因為看得清，才知道如何正確選擇。

周：這說明價值觀很重要，而人在相當程度上可以支配自己的價值觀，這就是突破口，透過支配價值觀來改變好壞習性之間的力量對比。

濟：佛法告訴我們，雖然生命中積累了很多不良種子，但我們也具備解決問題的潛力，同時，佛陀還為我們指出了開發這種潛力的方法。佛經講到這樣一個故事，一個億萬富豪的獨子從小走失，在外流浪，雖然他名下有很多財富，但他一無所知，只能四處乞討。我們的生命現狀也是這樣，每個眾生都擁有無盡寶藏，但因為我們不知道，所以讓生命充滿匱乏感。

周：耶穌說要積聚天上的財富，不要積聚地上的財富。這和佛陀的思想是一致

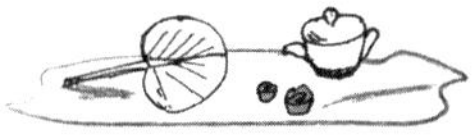

的，天上的財富屬於每一個眾生，但許多人不知道，拼命在尋找地上的財富。

濟：正因爲如此，佛陀一再告誡我們：尋找自己比尋找什麼都重要。如果沒有一種智慧的教育，人生眞是悲哀。因爲看不清，就會對一切充滿困惑，充滿無奈。就像有的哲學家有一定慧根，能看透人生的荒謬和虛幻，知道什麼沒有價值。但究竟什麼才有價值？怎樣才能找到最有價值的？讓他們很痛苦。所以，認識到生命最大的價值，並有正確方法去實現，才是更重要的智慧。

9
覺醒與解脫

我唯一所知的，是我一無所知。

——蘇格拉底

菩提般若之智，世人本自有之。只緣心迷，不能自悟。

——《六祖壇經》

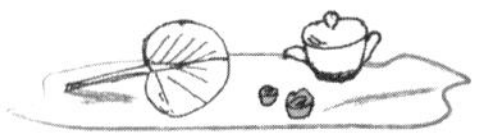

解脫是當務之急

濟：佛法的整個教理都是爲解脫服務的。現代人最大的特點就是躁動，各種情緒在內心波瀾起伏，讓人不能自主，甚至失去休息的能力。因爲人們的快樂來自欲望，而欲望是充滿渴求、永無止境的，這就使人疲於奔命。當那麼多現代化設備把我們從瑣碎的工作和家務中解放出來，我們輕鬆了嗎？恰恰相反，我們更累了，壓力更大了。所以說，沒有一個人不需要解脫，不想要解脫。

周：確實如此，現代人非常忙碌，但並不幸福，普遍缺乏安全感。

濟：爲什麼普遍缺乏安全感？就是因爲我們的貪著太多。當你對某個東西過分在乎時，它就會成爲你生命的支撐，一旦失去這個支撐，就變得無所適從，難以平衡。而當這個支撐是唯一的，甚至會讓人徹底垮掉。

周：如果只是向外尋求人生的支撐點，這個結果幾乎是必然的。人必須有內在的支撐點，才會眞正有力量。

濟：從佛法角度來說，生命本身是自足的，完整而獨立的，只是因爲我們迷失了自己，所以才要向外尋求支撐。但任何外在支撐都是無常的，不可靠的，如果對某個東西過分執著，它的任何一點變化，都會讓我們爲之歡喜爲之憂。

周：人必須有內在的支撐，有對人生的正確認識和信念，才能做自己人生的主人。

濟：其實我們都知道，世間沒有什麼是永恆的，但這不能阻止人類對永恆的幻想——希望感情天長地久，希望事業千秋萬代。爲什麼會有這樣的幻想？正是被執著所蒙蔽。執著越深，由此而來的幻想就越多，依賴就越多。有了依賴，自然會有依賴得不到滿足時的失落，進而還會引發焦慮、緊張、痛苦等負面情緒。比如現代人都依賴手機，一旦手機丟了，或是沒帶在身

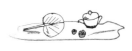

邊，就會緊張焦躁，甚至坐立不安。這不是手機的問題，而是依賴的問題。

周：手機控，各種各樣的控，對外在東西的依賴越多，就越是被控。事實上，那些爲財產、權力、地位、名聲而活著的人是最不自由的。

濟：所以現代人都活得很累。問題是，好不容易有了休息時間，又要用各種娛樂把它塞得滿滿的，最後把自己玩得筋疲力盡。

周：現代人的確連休息的能力也沒有了。

濟：解脫就是徹底的休息。當我們透過禪修平息內心所有躁動之後，就能證得空性智慧。安住於空性的狀態，才能體會到生命內在的安靜和喜悅。這種來自空性的喜悅是純粹的，不夾雜任何痛苦。

周：不但芸芸眾生，而且哲學家也需要解脫。我看佛經裡說，有的人苦思宇宙和人生的問題，尋求終極的答案，可是如果說在答案沒有找到之前就不能修道，那就誰也沒有修得道死亡即已來臨。這說的其實就是哲學家，或者有哲學性苦惱的人。我覺得說得很有道理。

濟：佛經裡還打了一個比方。有個人被毒箭射傷了，親友急著要請醫生給他治療，這人卻說：「等一下，我要知道射這支箭的人是男是女，什麼出身，弓、弦、箭是什麼材料做的。在這些問題沒有完全弄明白以前，不可拔箭。」那麼結果會怎麼樣呢？不用說，在這些問題還沒弄明白之前，一定毒發身亡了。

周：所以，修道和解脫是當務之急，不能等終極問題解決之後再進行。事實上，很可能正是在修道和解脫的過程中，終極問題得到了解決，不一定是找到了答案，根據佛法的精神，應該是擺脫了對終極問題的困惑和執著。

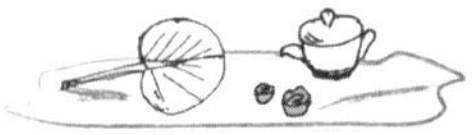

點亮智慧，照破無明

濟：印度所有宗教普遍認爲，造成人生痛苦的原因，是無明、欲望、貪著和錯誤想法。

周：佛教也一樣吧？

濟：有相通之處，也有不一樣的地方。比如說，無明是痛苦的根源，那什麼才是智慧的認識？雖然你認識到無明的過患，但你建立起來的認識，可能還是屬於無明的範疇，只不過自己以爲是正確的。

周：障礙在哪裡？

濟：障礙有兩種，一是所知障，一是煩惱障。爲什麼我們不能正確認識眞理？就來自認識上的障礙，其根源在於生命內在的無明。佛法認爲，每個生命既有覺醒的力量，也有原始的蒙昧，即無始無明，根本無明。

周：這個根本無明是不是人與世界固有的關係造成的，這種關係必然導致某種執著？

濟：還說不上執著，它是迷惑生命產生的根源。因爲有無始無明，使我們看不清生命的眞相，也看不清世界的眞相，所以它是認知的障礙。因爲這種障礙，就會導致錯誤認識，進一步發展出煩惱。在佛法修行過程中，必須不斷消除這兩種障礙。當二障徹底消除之後，生命才能達到完整的覺醒。就像天上的月亮，我們有時看到的是半個，有時看到的是小半個，有時甚至完全看不到。不是月亮在變化，而是它被不同程度地遮蔽了。修行，就是不斷消除遮蔽的過程。

周：我以前以爲，無明是一種人生不覺悟的狀態，不知道還有無始無明。無始無明的根源是什麼？

濟：哲學喜歡追問第一因，追問最初是怎麼產生的，而佛法認爲，無明是無始的存在。生命有兩個面向，西方哲學說「人有魔性，也有神性」；中國哲學說「人人皆可爲堯舜」，也說「人與禽獸相異幾希」。而佛法認爲，人有明和無明兩面，明是代表覺醒的狀態，無明是代表迷惑的狀態。當你沒有體認到智慧時，生命是處在迷惑的狀態；一旦體認到智慧，就進入覺醒的狀態。就像光明和黑暗，光明出現時，黑暗就消失了。每個生命內在都有一盞智慧明燈，當這盞燈被點亮，無明當下就不存在了。當周邊環境一片漆黑時，我們可能對這個環境有很多想像，不知道它到底是怎麼回事，這種想像會讓我們產生種種煩惱，落入這樣那樣的情緒，痛苦不堪。一旦光明出現，我們才會看到人生眞相，看到世間眞相，煩惱就沒有立足之地了。

周：我本來以爲，無明是由我執和法執而來。

濟：無明是產生我執和法執的。

周：這點我就不明白了，如果說生命中原本就有無明的話，那就很難去掉。

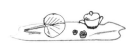

濟：在佛法看來，無明雖然是無始以來的存在，是生命中本來就有的，但這種存在是沒有根的，是虛幻的存在，而智慧才是本質的存在。所以，一旦本質的存在彰顯作用時，就會照破這種虛幻的存在。

周：請你具體描述一下，這是一個怎樣的過程。

濟：當心陷入一個念頭時，這個念頭會成爲你的一切，完全控制著你。一旦你能體認到心就像虛空一樣，那麼，所有情緒不過是虛空中來來去去的雲彩，不管念頭是來還是去，是生還是滅，對你來說就沒什麼了。你看到念頭的一切變化，但心是如如不動的。事實上，虛空才是心的本來狀態，它是無限、圓滿而自足的。只是因爲我們的錯誤觀念和設定，才使它變得狹隘扭曲。

周：如果說無明是蒙昧造成的，根源在認識，那麼問題就在於改變認識。

濟：因爲無明，所以導致我們在認識上有迷惑，就像眼前有一層濃霧，使我們

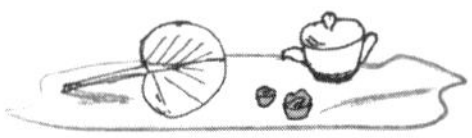

什麼都看不清楚。

周：那麼，無明就是人的心靈還沒有被智慧照亮的一種狀態。

濟：其實，我們現在都處在無明的狀態。人的內心時時有各種情緒產生，使我們不知不覺地爲其左右。在此過程中，我們對自己的內心狀態並不清晰，甚至在想要改變現狀時，也是無能爲力的。這就是一種典型的無明狀態。

周：不知不覺就是一種無思考的狀態。

濟：不知不覺是有意識的，不是沒有意識，只是缺少對自我的覺察力。

周：沒有對自己的思考進行思考。

濟：就像一潭水，當它在渾濁的狀態，我們沒法看清其中究竟有些什麼，只有當水沉澱下來，才會變得清明透徹，其中再出現什麼，就一覽無餘了。心也是一樣，當我們躁動不安時，就像渾濁的水，這就需要透過禪修讓心沉澱下來，才能看清每個起心動念。

周：渾濁是因爲受到外界的干擾，排除外界的干擾，就可以沉澱下來。這的確不僅僅是一個認識行爲。接下來，對業已沉澱下來的心念進行觀察，可以說是內省，是特殊的認識行爲。

濟：人對世界有不同的認識，這是源於「知」的差別。在佛教中，對「知」有兩種不同看法，既有「知之一字，眾妙之門」的讚譽，也有「知之一字，眾禍之根」的批判。爲什麼會這樣？因爲「知」包括正知和不正知兩種。所謂正知，又可分爲幾個層次：第一個層次，是指正確的認知；第二個層次，是透過禪修開發內在智慧，使心具有鏡子般的覺照力，對內在的任何變化清清楚楚；第三個層次，是佛陀的正遍知，又叫大圓鏡智，如實了知宇宙人生的一切。平常的人，心都處在不正知的狀態，因爲失去正知，就會產生妄知，即錯誤認知。

周：缺少正知，是因爲失去，還是原本就沒有？

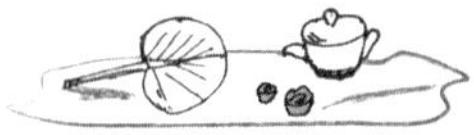

濟：原來有。《六祖壇經》說：「菩提般若之智，世人本自有之。只緣心迷，不能自悟。」

周：每個人原來都有？

濟：每個人原來都有。佛法認爲，人人都有覺悟潛質，但要透過修行開發出來。換言之，這個寶藏是人人具足的，但能否開發出來，取決於每個人自己。

從覺醒到解脫

周：從三法印來說，解脫是佛教的一個主旋律。我覺得佛教的特點就在於找到一條路，能眞正解除人生的各種苦惱。用什麼辦法解決？就是讓你解脫。四諦法門最後也是要讓你解脫，其他花言巧語都是假的。

濟：解脫的確是佛法的核心。

周：從中西方的哲學和宗教來看，我大致歸納了五種人生觀：

第一是理性的人生觀，這在西方哲學中是主流，讓你理性地面對人生的各種問題，包括生死問題，因爲死亡是不可逃避的自然規律，你就必須理性地接受。

第二是道德的人生觀，中國儒家是代表，要懂得做人的道理，把人做好，人生就圓滿了，所以孔子說「朝聞道夕死可矣」。

第三我稱之爲審美的人生觀，以莊子爲代表，把個體的小我和宇宙的大我融合爲一體，進入「與天地精神相往來」、「與造物者遊」的境界，但這只是一種主觀的感受，其實是一種審美的境界。

第四是信仰的人生觀，最典型的是基督教，只要信仰上帝，相信靈魂不死，一切問題都可以解決。

第五就是佛教，我稱之爲解脫的人生觀，佛教有一整套智慧的教育法和具

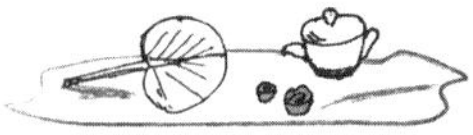

體的修行方法，對於解決生死問題也許是最徹底的。

就解決人生的終極意義問題而言，理性的和道德的人生觀實際上是在迴避，認爲不必考慮；審美的人生觀給你一種朦朧的感覺，一個似是而非的回答；基督教是給你一個完全肯定的回答，告訴你人生有終極意義；我覺得佛教其實是告訴你，不存在終極意義，對終極意義的追求本身就是一種迷惑，要從這個迷惑中解脫出來。能不能這樣說？

濟：幾千年來，人們始終在關心：我是誰？生從何來，死往何去？人爲什麼活著？對於這些生命永恆的困惑，所有宗教和哲學都試圖做出自己的詮釋。但它是不是合理的解釋？是不是究竟的解決？

周：解脫是究竟的解決？

濟：解脫的思想和印度的宗教文化有關，整個印度的文化、宗教、哲學，都是以追求解脫爲核心。那什麼才是解脫？在這個問題上，其他宗教或是理解

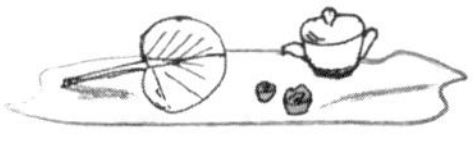

爲上升天堂，或是理解爲梵我合一、進入重生等等。從佛法角度來說，解脫既意味著擺脫迷惑，也意味著對覺性的開發。如果沒有開發覺醒的能力，根本就無法擺脫迷惑。

周：覺醒是不是擺脫迷惑的另一種說法，擺脫了迷惑，也就是覺醒？

濟：對覺醒來說，僅僅擺脫迷惑是不完整的。解脫只是覺醒的一個方面，當然發揮了較爲重要的作用。

周：印度其他宗教也好，基督教也好，都有一個代表宇宙本體的大我，叫神、梵天或上帝，都追求和這個大我合一的境界。佛教有沒有這樣的追求？我覺得，淨土或極樂世界也好，成佛也好，都是象徵性的說法。佛教並不是說，你最後就和釋迦牟尼合爲一體了，沒有這種說法。成佛就是覺悟的意思，完全擺脫迷惑的意思，成佛就是一種徹底的解脫。

濟：如果瞭解大乘菩薩的人格，就會看到生命的另一面。比如漢傳佛教最具有代表性的四大菩薩中，觀音菩薩代表大慈悲，大到什麼程度？能對每個眾生心生慈悲時，這種慈悲才是圓滿的。文殊菩薩代表大智慧，包括通達眞理、解除煩惱的根本智，也包括應機設教、引導眾生的差別智。地藏菩薩代表大願力，即「地獄不空，誓不成佛，眾生度盡，方證菩提」的擔當。普賢菩薩代表大行願，做每件事都能以盡虛空、遍法界的無量眾生爲所緣對象，這種願力是永無止境的，「虛空界盡，眾生業盡，眾生煩惱盡，我此願力無有窮盡」，而且是「念念相續，無有間斷」的。四大菩薩的精神和人格，就是對生命正向力量的開啓，如果把這些當作象徵性的說法，可能也就聽聽而已，但你認眞體會一下這些菩薩的願力，體會一下這種人格的偉大，會覺得無比震撼。

周：我原來理解小乘就是自己解脫，大乘是不僅自己解脫，還要讓眾生解脫，並不是說讓眾生過上幸福的物質生活、情感生活，而是要讓他們解脫，所

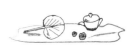

以佛教是否定性的。我並不認爲這是佛教的一個毛病，反倒是其他思想體系所不具備的優點，否定性正是佛教的深刻之處。

濟：你說的解脫比較偏向對負面的否定，但要明確，否定的是什麼？不否定的是什麼？這點非常重要。比如我們在生活中，可以帶著迷惑來穿衣吃飯，也可以不帶著迷惑來穿衣吃飯，要否定的是迷惑的心，而不是穿衣吃飯這件事。解脫也不是人們通常理解的什麼都不做，解脫的核心是放下而不是放棄。我們要放下的，是內心的迷惑和執著，幫助你更有智慧地生活，是這樣一個道理。

周：我也相信眞正解脫以後會生活得更好，這一點我完全相信，而不是沒有生活了。

濟：同樣穿衣吃飯，但因爲你的心不一樣了，世界也不一樣了。不是說解脫了什麼都不要，澄清這一點很重要。大乘佛教有一部《維摩詰經》，主角維摩詰居士是當時毘舍離城中的富豪，他整天在參加社交活動，出入宮廷、商家等各種場所。但他對世俗生活沒有任何黏著，走到哪裡都在給別人傳播佛法，所謂「雖處居家，不著三界」。他不僅事業發達，還有德行，有智慧，深受大眾尊敬。這部經典在漢傳佛教影響非常大。

周：所以入世和解脫是可以兼顧的，該得到的時候就得到，該放下的時候就放下。

人皆有自救的能力

濟：佛法認爲，凡夫和佛菩薩的根本區別，就是迷和悟。從人格而言，凡夫和佛菩薩有著天壤之別，一個煩惱重重，一個悲智圓滿。如果就這個結果來說，我們往往對修行沒有信心，覺得自己永遠不可能成就佛菩薩那樣的品質。所以我們要去尋找兩者的共同點，及最初的分歧從何而生？只有找

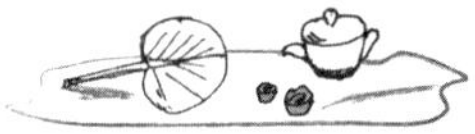

到相同點，修行才有希望。否則就像蒸沙不能成飯一樣，是不可能修出來的。

周：相同點就是覺醒的潛質。

濟：是的。佛法認爲，每個眾生都有覺悟潛質，在佛性層面，眾生和諸佛是完全平等的。爲什麼兩者的顯現如此不同？就在於迷和悟，即迷惑和覺醒的生命。《六祖壇經》告訴我們：「前念迷即是眾生，後念悟即是佛。」當生命陷入迷的狀態，就像進入烏雲，四顧茫然，不見天日；當生命進入悟的狀態，就像進入晴空，萬里無雲，一片澄澈。迷和悟不過是一步之遙，雲彩和藍天也不過是一步之遙，只要跨過去，並不遙遠。

周：用一個概念來概括佛教的話，是不是解脫？終極目標就是解脫？

濟：用覺醒來表達，應該更完整。解脫還偏向否定。

周：如果對覺醒做廣義的理解，那麼可以說，一切精神導師都主張，人生的目標就是覺醒。孔子說：朝聞道，夕死可矣。蘇格拉底說：未經思考的人生不値得一過。佛陀也說：不知正確的教法而活百年，不如聽聞正確的教法而活一日。這些教導高度相似，當然，對覺醒的定義會有差異。在佛教中，覺醒的含義除了解脫還有什麼？

濟：除了對負面的否定，還包括對正向的開顯。佛教認爲，佛陀有三種功德，即斷德、智德和悲德。斷德是涅槃的功德，徹底平息生命內在的迷惑煩惱；智德是對智慧的成就；悲德是對慈悲的圓滿。所以除了否定之外，更重要的是正向開顯。

周：那麼，覺醒和解脫的關係，也許可以這樣來界定：唯有通過覺醒，才能眞正解脫。

濟：佛教所說的覺醒，並不是一般人理解的「清醒」，也不是與「難得糊塗」對應的「洞明世事」。爲什麼世人會藉喝酒來麻醉自己？因爲他們覺得清

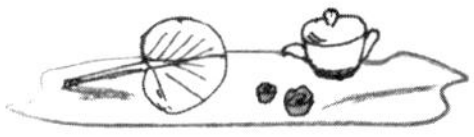

醒的時候想法很多，又不能解決，更煩惱，更痛苦，所以藉喝酒來暫時忘記。這樣的清醒，和佛教所說的覺醒是完全不同的。

周：這不是覺醒，而是覺醒的反面——麻醉。

濟：佛教所說的覺醒，是對生命如實、透徹的認識，同時，它還是生命內在的強大力量。眞正的覺醒，是以如實的認識爲基礎，進而落實到心行，開啓生命內在的覺性。只有這樣，才能走出迷惑的泥潭——他知道世界眞相是什麼，不會有認識上的迷惑；他知道怎麼做才是自利利他的，不會有選擇上的矛盾。對於這樣的人來說，有什麼值得煩惱，有什麼可以痛苦的呢？所以說，覺醒的意義正在於此。

周：解脫就是解除迷惑，而生命本身蘊含著解除迷惑的能力。所以，要依靠自己固有的潛質，用自己的覺悟照亮自己的生命。

濟：佛陀最大的貢獻就在於，發現人有自我拯救的能力，在迷惑煩惱的背後，生命還有覺醒的潛質。一旦開發這種潛質，就能解除困惑，擺脫煩惱。換言之，生命本身就有自救的能力。佛陀的這個發現，給人類帶來了希望，這也是佛教與其他宗教的不共所在。其他宗教往往把問題都歸於救世主，而不是靠自己解決。但救世主到底能不能解決？是另一回事。

周：人人都有覺醒的潛質，開發這個潛質，就是認清生命眞相的一個過程。

濟：所以佛法特別強調正見，即如實見。如實，就是符合事實眞相。生命眞相到底是什麼？你只有看清以後，才能擺脫錯誤認知。世界本是無盡的虛空，而我們的心更是「心包太虛，量周沙界」，完全可以在其中自由自在。但我們有了錯誤設定之後，就會形成一個陷阱，把自己束縛其中，不得自在。所有的不自由，都來自心的狹窄設定和執著，當你發現這個設定原本是不存在的，就沒有什麼能束縛你了。

周：世界本來是一個虛空，認識到這個眞相，人不是感到絕望，而是獲得了自

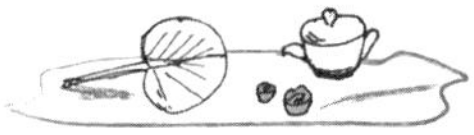

由，這也是佛法的獨特之處。柏拉圖和基督教都是因爲不能容忍虛空，所以才要設定一個理念世界或上帝。

濟：如實見的作用有兩方面，一是擺脫迷惑系統，二是如實瞭解生命。佛法非常強調中道，所謂中道，不是一種折中，而是遠離偏見，擺脫片面認識。當你產生片面認識時，就只見其一而不見其他，並由此影響你的生命狀態。

周：正見一定是中道？

濟：對。

周：怎麼判斷我現在獲得的是不是正見？

濟：可以自己去審視。佛法中，什麼是無常，什麼是無我，什麼是空，都有相應的認識標準，同時還可以透過實修體證。

周：當一個人沒有眞正醒悟時，這些對於他來說僅僅是一種知識、一個觀念，如何眞正變成自己的心識？

濟：正見的建立，沒有離開緣起，需要透過不斷的聞思和實踐，是一個理解、接受、運用的過程。因爲理解，才能建立正確標準；因爲接受，才能將知識轉化爲自身觀念；因爲運用，才能將聞思得來的概念化的觀念，眞正落實到心行。如果僅僅是概念上的認識，沒有落實到心行，有時反而更糾結。就像有些人，好像能看得破，但又放不下，還不如稀里糊塗的人好過。也因爲如此，往往會讓自己和他人對學佛產生懷疑。只有當佛法正見眞正成爲自身觀念、心態及生命品質，無論你說什麼，做什麼，都是如法的，都會讓生命有正向的成長。

濟群法師著作系列

修學引導叢書

《探索》
《走近佛陀》
《道次第之道》
《菩提大道——《菩提道次第略論》講記》
《菩提心與普賢行願》
《尋找心的本來》
《你也可以做菩薩——《入菩薩行論》講記》
《學著做菩薩——《瑜伽菩薩戒品》講記》
《真理與謬論——《辯中邊論》解讀》
《認識與存在——《唯識三十論》解讀》
《超越「二」的智慧——《心經》《金剛經》解讀》
《開啟內在智慧的鑰匙——《六祖壇經》解讀》

智慧人生叢書

《你也可以這樣活著》
《心，才是幸福的關鍵》

《我們誤解了這個世界》
《我們誤解了自己》
《經營企業與經營人生》
《造就美好的自己》
《走出生命的迷霧》
《禪語心燈》
《怎麼過好這生活》
《有疑惑，才能開悟》

以戒為師叢書

《認識戒律》
《戒律與佛教命脈——標宗顯德篇解讀》
《僧伽禮儀及塔像製造——僧像致敬篇解讀》
《出家剃度及沙彌生活——沙彌別行篇解讀》
《比丘資格的取得——受戒緣集篇解讀》
《僧伽的教育問題——師資相攝篇解讀》
《僧伽的自新大會——說戒正儀篇解讀》
《僧團的管理制度——僧網大綱篇解讀》
《僧伽的定期潛修——安居策修篇解讀》
《僧格的年檢——自恣宗要篇解讀》
《戒律與僧伽生活》

金翅鳥系列　JZ01

我們誤解了這個世界：高僧與哲人的對話

作　　者／濟群法師・周國平
責任編輯／胡琡珮、陳芊卉
業　　務／顏宏紋

總 編 輯／張嘉芳
出　　版／橡樹林文化
城邦文化事業股份有限公司
104 台北市民生東路二段 141 號 5 樓
電話：(02)2500-7696 #2738　傳真：(02)2500-1951
發　　行／英屬蓋曼群島商家庭傳媒股份有限公司城邦分公司
104 台北市中山區民生東路二段 141 號 2 樓
客服服務專線：(02)25007718；25001991
24 小時傳真專線：(02)25001990；25001991
服務時間：週一至週五上午 09:30 ～ 12:00；下午 13:30 ～ 17:00
劃撥帳號：19863813　戶名：書虫股份有限公司
讀者服務信箱：service@readingclub.com.tw
香港發行所／城邦（香港）出版集團有限公司
香港灣仔駱克道 193 號東超商業中心 1 樓
電話：(852)25086231　傳眞：(852)25789337
馬新發行所／城邦（馬新）出版集團【Cité (M) Sdn.Bhd. (458372 U)】
41, Jalan Radin Anum, Bandar Baru Sri Petaling,
57000 Kuala Lumpur, Malaysia.
Tel:(603)90563833　Fax:(603)90576622
Email:services@cite.my

內　　文／歐陽碧智
封　　面／耳東惠設計
印　　刷／中原造像股份有限公司

初版一刷／ 2023 年 9 月
ISBN ／ 978-626-7219-53-9
定價／ 380 元

城邦讀書花園
www.cite.com.tw

國家圖書館出版品預行編目（CIP）資料

我們誤解了這個世界 / 濟群法師，周國平著 . -- 初版 . -- 臺北市：橡樹林文化，城邦文化事業股份有限公司出版：英屬蓋曼群島商家庭傳媒股份有限公司城邦分公司發行，2023.09
面；　公分 . --（金翅鳥系列；JZ01）
ISBN 978-626-7219-53-9（平裝）

1. CST: 佛教　2.CST: 人生哲學

220　　112011820

廣　告　回　函
北區郵政管理局登記證
北台字第10158號

郵資已付　免貼郵票

104 台北市中山區民生東路二段 141 號 5 樓

城邦文化事業股分有限公司

橡樹林出版事業部　收

請沿虛線剪下對折裝訂寄回，謝謝！

|橡|樹|林|

書名：我們誤解了這個世界　書號：JZ01

橡樹林文化

讀者回函卡

感謝您對橡樹林出版社之支持，請將您的建議提供給我們參考與改進；請別忘了給我們一些鼓勵，我們會更加努力，出版好書與您結緣。

姓名：＿＿＿＿＿＿＿＿＿＿＿＿ □女 □男 生日：西元＿＿＿＿＿＿年

Email：＿＿＿＿＿＿＿＿＿＿＿＿＿＿＿＿＿＿＿＿＿＿＿

●您從何處知道此書？

□書店 □書訊 □書評 □報紙 □廣播 □網路 □廣告 DM □親友介紹

□橡樹林電子報 □其他＿＿＿＿＿＿＿＿

●您以何種方式購買本書？

□誠品書店 □誠品網路書店 □金石堂書店 □金石堂網路書店

□博客來網路書店 □其他＿＿＿＿＿＿＿＿

●您希望我們未來出版哪一種主題的書？（可複選）

□佛法生活應用 □教理 □實修法門介紹 □大師開示 □大師傳紀

□佛教圖解百科 □其他＿＿＿＿＿＿＿＿

●您對本書的建議：

＿＿＿＿＿＿＿＿＿＿＿＿＿＿＿＿＿＿＿＿＿＿＿＿＿＿＿＿＿＿

＿＿＿＿＿＿＿＿＿＿＿＿＿＿＿＿＿＿＿＿＿＿＿＿＿＿＿＿＿＿

＿＿＿＿＿＿＿＿＿＿＿＿＿＿＿＿＿＿＿＿＿＿＿＿＿＿＿＿＿＿

＿＿＿＿＿＿＿＿＿＿＿＿＿＿＿＿＿＿＿＿＿＿＿＿＿＿＿＿＿＿

＿＿＿＿＿＿＿＿＿＿＿＿＿＿＿＿＿＿＿＿＿＿＿＿＿＿＿＿＿＿

非常感謝您提供基本資料，基於行銷及客戶管理或其他合於營業登記項目或章程所定業務需要之目的，家庭傳媒集團（即英屬蓋曼群商家庭傳媒股分有限公司城邦分公司、城邦文化事業股分有限公司、書虫股分有限公司、墨刻出版股分有限公司、城邦原創股分有限公司）於本集團之營運期間及地區內，將不定期以 MAIL 訊息發送方式，利用您的個人資料於提供讀者產品相關之消費與活動訊息，如您有依照個資法第三條或其他需服務之務，得致電本公司客服。

我已經完全瞭解左述內容，並同意本人資料依上述範圍內使用。

＿＿＿＿＿＿＿＿＿＿＿＿＿＿（簽名）